222
CLAVES
PARA HACER
NEGOCIOS
EN
INTERNET

Versión 1.0

SEBASTIÁN PINCETTI • SILVINA RODRÍGUEZ PÍCARO

222
CLAVES
PARA HACER
NEGOCIOS
EN
INTERNET

Cómo dominar el Marketing 2.0

b
EDICIONES **B**
GRUPO ZETA

Barcelona • Bogotá • Buenos Aires • Caracas • Madrid • México D.F. • Montevideo • Quito • Santiago de Chile

1.ª edición: septiembre 2010
1.ª reimpresión: enero 2011

© Sebastián Pincetti y Silvina Rodríguez Pícaro, 2010
© Ediciones B, S. A., 2010
   Consell de Cent 425-427 - 08009 Barcelona (España)
   www.edicionesb.com
   Diseño, Diagramación: SRP Communication & Brand Design
   www.srpdesign.com

Todas las imágenes de este libro están protegidas por Copyright.
El editor dispone de las autorizaciones pertinentes para el uso
y protección de las mismas.
© Shutterstock images: p. 9, Kevin Renes; p. 10, Irena Misevic; p. 11, GorillaAttack;
   p. 15, vladmark; p. 16, Edyta Pawlowska; p. 18, Tino Mager; p. 20, Joachim Wendler;
   p. 22, Roman Sika, p. 25, Stephen Aaron Rees; p. 29, Myotis; p. 33, cristovao;
   p. 37, ImageryMajestic; p. 38, Gunnar Pippel, p. 40, Andre Blais; p. 45, Andy Dean
   Photography; p. 46, R. Gino Santa Maria; p. 51, photovibes; p. 53, Vjom;
   p. 54, Igor Petrov; p. 58, Elena Elisseeva; p. 60, Dmitriy Shironosov; p. 63,
   Graphic design; p. 64, Aspect3D; p. 67, Shapiso; p. 68, Edyta Pawlowska;
   p. 69, Skocko y Boobl; p. 70, Yellowj; p. 72, Milos Luzanin; p. 75, Nagy-Bagoly
   Arpad; p. 76, Mike Flippo y kaczor58; p 79, dslaven; p. 80-81, iQoncept; p. 82,
   IconDock; p. 83, Ingvar Bjork; p. 85, Andreas Gradin; p. 86, Andresr;
   p. 88, Vakhrushev Pavel y Angie Chauvin; p. 93, Yuri Arcurs; p. 94, Kinetic
   Imagery; p. 96, photobank.kiev.ua; p. 99, Kuttly; p. 100, Andresr (nota:
   el *copyright* de los logos de compañías en los iconos pertenecen a sus respectivos
   dueños); p. 103, Jouke van Keulen; p. 104, prism68; p. 107, Peter Hansen;
   p. 109, R. Gino Santa Maria; p. 112, Kinetic Imagery; p. 114, vesves;
   p. 115, Login; p. 118, Kinetic Imagery; p. 119, Wayne R; p. 120, Lightspring
   y SkillUp; p. 122, Lilyana Vynogradova; p. 124, Feng Yu; p. 126, Toria; p. 128,
   Kheng Guan Toh; p. 132, D Brown; p. 134, cla78; p. 136, iQoncept;
   p. 137, Tmedia; p. 138, Vjom; p. 140, Andresr; p. 142, Marcel Mooij;
   p. 144, zentilia.
© Silvina Rodríguez Pícaro: p. 55 y p. 88.
© Istockphoto: p. 60, Spaln.
© photobank.kiev.ua: p. 96, iQoncept

Printed in Spain
ISBN: 978-84-666-4522-5
Depósito legal: B. 5.189-2011

Impreso por S.I.A.G.S.A.

Marcas registradas
Muchas de las denominaciones utilizadas por fabricantes y vendedores
son marcas registradas. Todos los nombres de productos y servicios
identificados en este libro son utilizados sólo con una intención editorial
y para el beneficio del dueño de la marca registrada, sin intención
de incumplir las condiciones legales de la misma. El uso de nombres
comerciales no implica su afiliación con este libro.

DEDICATORIA

A nuestros clientes
que día a día confían en nosotros y nos dan
la posibilidad de crecer junto a ellos.
Son la principal razón de nuestro aprendizaje
continuo para estar al día en un mundo
tan cambiante.

Para Kayla

"

"El éxito no es la llave de la felicidad.
La felicidad es la llave del éxito.
Si uno ama lo que hace,
conocerá el éxito."

Albert Schweitzer

CONTENIDO

"

"Lo que es peligroso
es no evolucionar."

Jeff Bezos
CEO de Amazon.com

PRÓLOGO I

Por **Claudia Gioia-Wencelblat,**

Managing Director, Burson-Marsteller Miami

222 Claves para hacer negocios en Internet me recuerda a la famosa película de Woody Allen: *Todo lo que usted siempre quiso saber sobre el sexo, pero nunca se atrevió a preguntar.* En el caso de la comunicación online como ser la construcción de una Página Web, no solamente nos enfrentamos con el desafío de vencer el miedo a preguntar, ¡sino también con el de no saber a quién hacerle las preguntas!

Los autores nos ayudan a desvelar con simpleza y practicidad lo que necesitamos saber. ¡Las páginas que siguen buscan responder a todas las dudas que se nos presentan en el momento de enfrentar el desarrollo de un Sitio Web efectivo a los propósitos del dueño y del usuario! Una Página Web bien concebida en cuanto a diseño, uso, operatividad técnica y contenido puede ser la diferencia entre dinero perdido o ganancias.

Este material está hecho para leer, consultar, releer y hasta cuestionar, marcar y compartir. Al finalizar su Sitio Web y siguiendo estos consejos usted se sentirá con la satisfacción de la tarea bien hecha. Respire hondo.

PRÓLOGO II

Por **David Moffly,**

CEO de BaebleMusic.com

Trabajar como editor de contenidos en la Web se parece mucho a jugar a tu juego de mesa favorito. En cierto nivel, la Web es un fenómeno con el cual la mayoría de nosotros hemos logrado familiarizarnos y utilizar a diario con distintos grados de comodidad. Recuerdo que allí por 1998, cuando la burbuja de las puntocom estaba llegando a su apogeo, aquellos evangelistas entusiastas andaban diciendo que la Web lo había "cambiado todo". Tres años más tarde, todos se habían ido a la quiebra. Sin embargo, la esencia de lo que dijeron fue más que acertada. El impacto de la Web es omnipresente a escala global. Negocios enteros, tecnologías y la destrucción creativa han evolucionado y surgido de la nada, al parecer. ¿Quién se hubiera imaginado hace quince años que empresas valoradas en miles de millones de dólares se crearían a partir de la simple idea de permitirles a las personas conectarse con sus amigos en la Web?

En 1998, con la empresa de licenciamiento de imágenes que yo manejaba por entonces, pusimos nuestro primer Sitio Web. Los procesos y los objetivos del negocio parecían ser los normales para la época. Éramos una empresa que licenciaba fotografías y estábamos buscando ampliar nuestra distribución y tienda de catálogos impresos hacia la Web. La gran premisa era que estábamos eliminando el principal costo de nuestro negocio ya que no iba ser necesario editar, imprimir y enviar decenas de miles de catálogos por el mundo a nuestros clientes y representantes.

Veíamos a la Web como un canal de distribución adicional que permitiría que nuestros millones de imágenes en archivo pudiesen ser vistos por los clientes profesionales a los que prestábamos servicios. El diseño e implementación de nuestro Sitio Web fue muy laborioso. Todos aprendimos muchísimo vocabulario nuevo sobre la marcha y unos meses después, teníamos Sitio nuevo.

Lo que aún no formaba parte de nuestros debates eran conceptos como SEM y estrategias de SEO. Google acababa de ser fundada y AOL aún era el líder indiscutido del momento.

Trece años han pasado y los cambios en la Web han sido astronómicos. Google es el rey y AOL apenas un jugador marginado que intenta reinventarse como empresa mediática Web. Durante los últimos años, todos hemos oído a los medios de comunicación insistir una y otra vez que nos encontramos en la Web 2.0, mientras que la élite tecnológica nos adelanta la Web 3.0 que estará construida sobre una Internet de altísima velocidad de próxima generación usada para conectar algunas universidades en todo el mundo. Relacionarse en red, el vídeo, y los medios de próxima generación son los temas cuya evolución todos quieren comprender. Las grandes empresas están invirtiendo dinero en estas áreas tan rápidamente como sus presupuestos lo permiten.

Pero este cambio y crecimiento han dejado a muchos de nosotros confundidos e intimidados por la aparentemente sencilla necesidad de cualquier negocio de conexión con potenciales clientes, mensajería, marketing y ventas a través de la Web. Una Web que hoy en día cuenta con su propia jerga, la cual es extremadamente confusa y evoluciona al parecer todos los días. Si usted no vive ese mundo, entonces tal vez no tenga una buena guía de las interminables e importantes decisiones que debe tomar mientras construye un Sitio, crea una campaña viral, o de algún modo intenta comunicarse a través de la Web.

SRP Interactive ha formulado un enfoque de sentido común provisto de herramientas y trucos para la Web que vale la pena estudiar y conocer antes de planificar sus objetivos y estrategias para la Web.

222 Claves para hacer negocios en Internet le brindará herramientas simples que le pueden ahorrar tiempo valioso, dinero y frustración la próxima vez que deba desempeñarse en este medio de comunicación más que vital para nuestra época.

EL YIN YANG DE INTERNET

Como en el Yin Yang, las cosas en Internet no son siempre blanco o negro, verdaderas o falsas, y las realidades muchas veces son cambiantes. Con frecuencia mucho más de lo que quisiéramos. Según los antiguos chinos el Yin Yang representa la comprensión del funcionamiento del mundo. El círculo externo representa el todo, y las formas blanca y negra comprendidas dentro del círculo representan la interacción de las dos energías llamadas Yin (representada en negro) y Yang (representada en blanco). Ambas energías son las que hacen que las cosas ocurran. Nada es totalmente blanco o totalmente negro, y las energías Yin y Yang no pueden existir una sin la otra.

Mientras el Yin es oscuro, pasivo, frío, contraído, débil y se orienta hacia abajo, el Yang es brillante, activo, cálido, expansivo, fuerte y se orienta hacia arriba. La forma en la que se representa cada una de estas energías, con sus extremos más finos, da la sensación de continuo movimiento, tal como se encuentran las energías en la realidad, haciendo que las cosas fluyan, que la noche se convierta en día, que los objetos se contraigan y se expandan, o que cambie la temperatura. El Yin y el Yang representan la naturaleza de las cosas. Nada es completamente Yin o completamente Yang, y entender esta realidad hace más fácil la vida desde que el mundo es mundo.

Así como la naturaleza tiene su Yin Yang, también en la Web entender la naturaleza de las cosas y, sobre todo, entender que no todo es blanco o negro y que no todo es "para siempre", o que no hay absolutas certezas, hace la vida de los "dueños" de los Websites mucho más fácil, ya que muchas veces deben tomar decisiones sin absolutas certezas.

Desde nuestro trabajo en SRP Interactive, muchas veces nos hemos sentido frustrados por las limitaciones en Internet, porque las cosas no funcionaban como esperábamos o por lo cambiante de las tecnologías. Acertamos en gran cantidad de oportunidades… y en muchas otras nos equivocamos.

Las 222 Claves que elegimos para este libro son un resumen de experiencias que aprendimos trabajando y haciendo, ayudados en numerosas ocasiones por nuestros propios clientes, de quienes también hemos aprendido.

El trabajo en Internet es un trabajo de equipo y la interacción de las fuerzas del Yin Yang es fundamental. A través de nuestra experiencia, hemos comprobado que un Website hecho cien por cien por diseñadores no funciona en el sentido más literal; y que un Website realizado en su totalidad por programadores se ve horrible, no comunica nada y, por lo tanto, tampoco funciona. Se necesita la interacción de al menos estos dos profesionales para comenzar a tener resultados aceptables en Internet.

Esperamos que estos consejos les sean de utilidad y que los ayuden a comprender el Yin Yang de la Web, para lograr mejores resultados en los negocios en Internet.

Sebastián Pincetti y Silvina Rodríguez Pícaro

"

"Lo que no está en Internet, simplemente, no existe."

Generación Y*

* Grupo demográfico sucesor de la Generación X, incluye a las personas nacidas entre 1982 y 1992. Son personas que utilizan cotidianamente Internet, y pasan un mínimo de 20 horas semanales online.

Los nativos digitales son aquellas personas que nacieron hacia finales del milenio pasado y fundamentalmente a partir del siglo XXI, cuando la tecnología digital ya se encontraba plenamente instalada. Los ordenadores, los teléfonos móviles y los lectores de MP3 son elementos naturales a su entorno y no conciben la vida sin ellos, de la misma manera que generaciones anteriores no imaginan la vida sin electricidad.

ADVERTENCIA

Este libro ha sido publicado en el año 2010 (a propósito, nos encanta este número, se ve muy tecnológico). Cuando usted lo haya terminado de leer, seguramente existirán nuevas tecnologías, nuevos Sitios, más estadísticas y otras formas de comunicarse. Algunas de las Claves habrán sido superadas por la tecnología y, al mismo tiempo, surgirán nuevos desafíos que tendrán sus nuevas Claves.

Sí, todo está cambiando demasiado rápido. Internet está siempre en fase Beta.*

Muchas de las Claves que encontrará en este libro pueden parecer contradictorias entre sí...

No pudimos evitarlo, así es la naturaleza de Internet.

* Fase experimental.

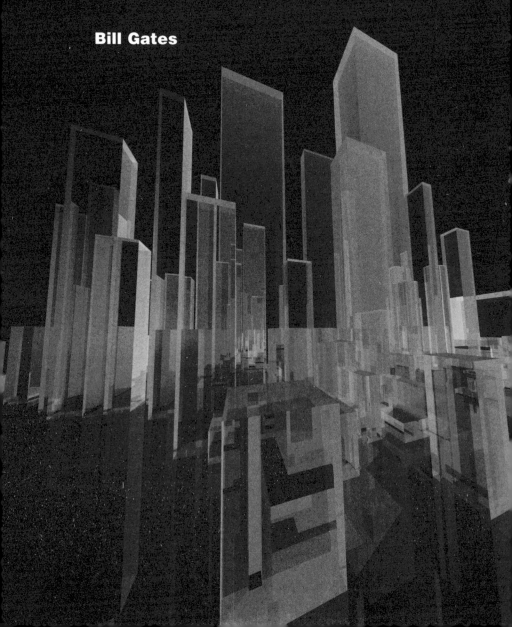

"Internet se está convirtiendo en el centro de la ciudad para la urbanización del mañana."

Bill Gates

INTRODUCCIÓN

222 Claves para hacer negocios en Internet es un compendio de pautas que hemos aprendido trabajando junto a nuestros clientes desde los comienzos de Internet. Queremos compartir estas Claves con nuestros lectores para que la vida de sus negocios online les resulte más sencilla y próspera.

Es un libro útil para toda persona interesada en hacer negocios en Internet, trabajar un Website, ya sea dentro de una empresa, una agencia de publicidad, una consultora de relaciones públicas o, simplemente, un emprendedor que quiere aprovechar sus recursos y minimizar errores.

Hoy en día, tener un Website de calidad es fundamental para todo negocio. Se trate de un pequeño negocio, una pequeña empresa o una corporación global, todos necesitan de un Website y de una estrategia de trabajo online. Más aún, desde un emprendedor, un músico o un artista hasta una banda de rock, saben que es necesario tener una sólida presencia en Internet para poder lograr sus objetivos.

No tener un Website –o al menos una presencia en Internet– no sólo hará más difícil que lo encuentren, sino que también dará una mala imagen. Imagine lo siguiente: ¿qué es lo que usted piensa cuando alguien le entrega una tarjeta de negocios que contiene un email que termina en *@hotmail.com*?

Escribimos este libro pensando en el "dueño" o en el "responsable" de un Website, o más aún en quien lleva a cabo una estrategia de negocios online, que muchas veces tiene que tomar decisiones que afectarán su negocio sin tener todas las herramientas al alcance de la mano. **222 Claves para hacer negocios en Internet** se refiere a la naturaleza de la vida online y le será útil para poder evaluar los pros y los contras de cada decisión tanto a la hora de liderar un proyecto, como de participar parcialmente en él.

Es la misma necesidad que tienen muchos de nuestros clientes, que nos han inspirado para escribir estas 222 Claves que esperamos que les resulten útiles.

Los autores

EN BUSCA DEL
ROI
(RETURN ON INVESTMENT)*

* Retorno de la inversión

1: LA NATURALEZA DE INTERNET

Entender bien la naturaleza de Internet
le ahorrará mucho tiempo, dinero
y esfuerzo.
Es un medio que tiene sus códigos,
sus fronteras, sus fortalezas y sus
debilidades. Sepa qué esperar
de él y cómo lograr sus objetivos.

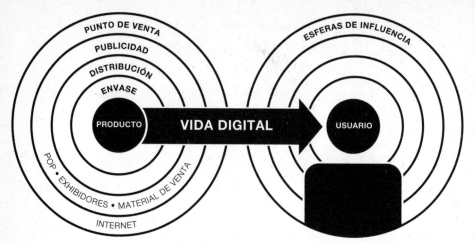

PUNTO DE VENTA
PUBLICIDAD
DISTRIBUCIÓN
ENVASE

PRODUCTO → **VIDA DIGITAL** → USUARIO

ESFERAS DE INFLUENCIA

POP • EXHIBIDORES • MATERIAL DE VENTA

INTERNET

El gráfico muestra cómo hoy en día la vida digital exige que el producto tenga al menos un componente digital desde su misma concepción hasta la recepción por parte del usuario. Desde el envase mismo hasta llegar al punto de venta existe algún componente digital que se conecta con el usuario y de cierta forma lo influencia. Desde el simple código de barras hasta chips que pueden identificar si se ha roto la cadena de frío en algún punto de la distribución, o la posibilidad de relacionar una determinada tarjeta de crédito con ciertos hábitos de compra, no son ciencia ficción, sino una realidad que ya es parte de nuestras vidas. Esta tendencia será creciente en el futuro y la trazabilidad del producto será total.

DE QUÉ SE TRATA

Todo ocurre muy rápido en Internet…
El usuario está siempre a un click de
abandonar su Website. Cuanto más
rápido lo ayudemos a entender
de qué se trata, mucho mejor.

1 › **La primera impresión es la que cuenta**
El usuario hace zapping en los Websites de la misma forma en que lo realiza cuando mira la televisión. Por eso es necesario mostrar un Sitio que funcione correctamente, con carga rápida de las páginas, y que sea claro y atractivo desde el contenido hasta el diseño. Nunca hay una segunda oportunidad para dar una buena primera impresión. Mucho menos online.

2 › **El usuario tiene que poder entender de qué se trata el Website en segundos**
Si su mensaje no está claro, el usuario va a abandonar su Website inmediatamente. No va a perder tiempo tratando de entender lo que usted quiso hacer o decir. El Sitio tiene que darle razones concretas al usuario sobre por qué tiene que permanecer en él, ¡y debe hacerlo rápido!

3 › **Sea lo más específico posible**
Cuando trabaje en Internet tenga siempre el objetivo en mente. Menos es más. Si usted tiene muchos temas disímiles para desarrollar, mejor piense en hacer varios Websites que se vinculen entre sí. Esto es mejor que crear sólo uno que intente cumplir con todos los objetivos al mismo tiempo. La talla única (one size fits all) simplemente no funciona en Internet.

Menos es más

4 › Título de las páginas I

El título es lo primero que aparece en el navegador *(browser)* cuando se está cargando la página. Por eso es necesario poner títulos distintos a cada página, que le describan al usuario –en forma breve– los contenidos que va a encontrar. Por otro lado, si un usuario tiene abiertas varias pestañas en el mismo navegador, sin un título descriptivo y atrayente, será difícil lograr que vuelva a la página.

5 › Mensaje y Objetivo

Antes de comenzar, pregúntese qué historia quiere contar y qué diálogo quiere entablar con su público objetivo.

6 › Función del Website

Parece una pregunta simple, pero muchas veces hemos visto que no tiene tan fácil respuesta. Determine cuál es la función que el Website cumple con su público objetivo y, a medida que avance con el Sitio, pregúntese si lo que está haciendo responde a este propósito.

7 › No dé por sentado que se ingresa al Website únicamente desde el Home

Ya sea por medio de los buscadores o a través de un link específico que le haya sido enviado, el usuario puede ingresar al Website desde cualquier página y no necesariamente desde la página de inicio. La navegación en Internet nunca es lineal y muchas veces es impredecible, a menos que tenga una página 100% Flash (en ese caso, lea el libro hasta el final y saque sus propias conclusiones).

Es por eso que los usuarios deben saber rápidamente de qué se trata el Sitio, sin importar en qué página ingresen.

8 › Acepte que no todo está bajo su control I

La forma en que se visualiza su Website no sólo depende de usted, sino también del usuario. El software que tenga instalado, el tipo de conexión y la red en la que trabaja juegan un rol fundamental. A modo de ejemplo muchas veces en su Página Web aparecerán iconos o mensajes que no fueron desarrollados en su Website, como, por ejemplo, banderas al lado de los números de teléfono que se agregan automáticamente si se encuentra instalado Skype en el ordenador del usuario.

9 › Inversión permanente

No imagine que su Website es una inversión de una única vez. Mantener un Sitio es igual que mantener un local, hay que actualizarlo y mantenerlo interesante para que la gente vuelva a entrar una y otra vez. El Website que está vivo y se renueva permanentemente tiene mayores posibilidades de éxito que aquel que no lo hace.

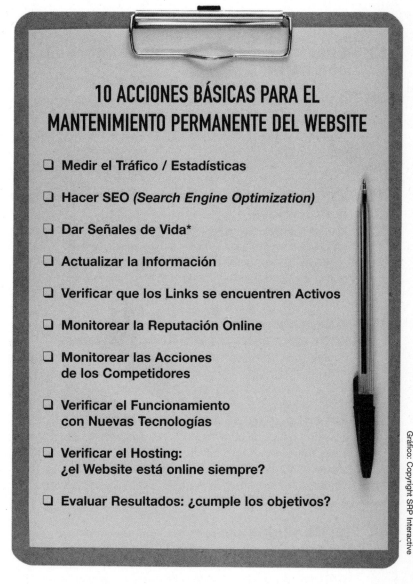

10 ACCIONES BÁSICAS PARA EL MANTENIMIENTO PERMANENTE DEL WEBSITE

❑ **Medir el Tráfico / Estadísticas**

❑ **Hacer SEO** *(Search Engine Optimization)*

❑ **Dar Señales de Vida***

❑ **Actualizar la Información**

❑ **Verificar que los Links se encuentren Activos**

❑ **Monitorear la Reputación Online**

❑ **Monitorear las Acciones de los Competidores**

❑ **Verificar el Funcionamiento con Nuevas Tecnologías**

❑ **Verificar el Hosting: ¿el Website está online siempre?**

❑ **Evaluar Resultados: ¿cumple los objetivos?**

Gráfico: Copyright SRP Interactive

* Enviar una respuesta automática a las consultas confirmando la recepción del email y responder dentro de las 24 h.

UN BUEN NOMBRE...

Un buen nombre lo dice todo, y contribuye a que el usuario entienda rápidamente de qué se trata el Website.

10 › Elija un nombre para que el dominio sea corto

Intente que el nombre no supere los 12 caracteres (excluyendo www. y la extensión). Cuanto más corto sea el nombre, ¡mucho mejor! Puede verificar si los dominios están tomados en: *www.whois.com.* Asegúrese de que el dominio esté a nombre suyo o de su empresa, nunca lo deje en manos de un tercero.

11 › Elija un nombre relacionado con su marca o actividad

Elija un dominio que sea exacto o que contenga el nombre de su marca, empresa o actividad. O, mejor aún, elija un dominio relacionado con su temática. Esto puede ser muy importante porque puede posicionarlo como líder en su categoría dentro de Internet.

12 › Asegúrese de que su dominio sea pronunciable en distintos idiomas

Intente usar palabras neutras, que sean de fácil pronunciación en varios idiomas.

13 › Intente que sea memorable

Elija un nombre fácil de recordar y escribir: éste es un atributo esencial. Evite nombres en los que se juntan dos vocales o consonantes (Por ejemplo, advertisinggroup, interactiveentertainment o estudioorgánico). También evite usar siglas o palabras difíciles de escribir.

14 › Evite siglas (Excepto que sean memorables)

Las siglas sólo deberían utilizarse cuando corresponden a nombres ya establecidos, preferentemente si son muy populares y recordables (UNICEF, IBM, KPMG, SRP). Evite generar siglas que el usuario no podrá recordar o no sabrá escribir.

15 › El mensaje en la extensión (.com, .edu, .org, o extensión del país)

La extensión habla mucho sobre el Sitio. Piense en cómo quiere ser percibido (globalmente, en el mercado local, sin fines de lucro, académico, entre otros) y luego elija la extensión.

Si se trata de una marca global y tiene presupuesto, no lo dude: adquiera todas las extensiones de los países en los que su marca está presente. No deje abierta la posibilidad de que otro pueda usar su nombre.

16 › Exista en las Redes Sociales

Con el mismo criterio de la Clave anterior, no deje abierta la posibilidad de que alguien pueda utilizar su marca en las Redes Sociales más importantes. Reserve su lugar en las Redes Sociales afines a su marca. Por ejemplo, entre otros:

- YouTube	- Sónico
- Facebook	- Orkut
- Twitter	- SurveyMonkey
- SlideShare	- WebEx
- Linkedin	- Eventsbot
- MySpace	- Gotomeeting

Manténgase informado, seguramente la lista seguirá creciendo. Todos los esfuerzos que la empresa haga en las Redes Sociales, deberían estar integrados. El Website o el Blog deben funcionar como el conector principal.

17 › Sea multidominio

Tenga varios dominios que apunten al mismo Website. Esto sin duda lo beneficiará captando más tráfico.

18 › El navegante puede cometer errores al tipear

Si usted va a usar un nombre que potencialmente puede generar problemas en la escritura, es una buena idea registrar todos los dominios que puedan parecerse o generar confusión y redireccionar el tráfico al dominio correcto. Así usted va a captar el mayor tráfico posible. Por ejemplo, los hoteles Marriott *(www.marriott.com)* tienen un verdadero problema de rememoración de escritura. Ellos han comprado todos los posibles nombres y combinaciones y redireccionan automáticamente al usuario a su Sitio para evitar este problema.

19 › Trate de que el dominio tenga alguna de las palabras clave

Otra buena idea es que el dominio contenga alguna de las palabras clave con las que el usuario lo buscaría en los buscadores *(keywords)*. A modo de ejemplo, si usted se dedica a la seguridad para casas, una buena idea sería registrar: *www.cuidamostucasa.com.*

20 › No utilice caracteres especiales

Evite que la dirección que elija contenga números, guiones medios y bajos, la letra ñ, artículos o conjunciones. Trate de ser lo más simple posible. Está comprobado que el usuario tiende a olvidarse de los guiones y de los caracteres especiales.

21 › Asegúrese de que el dominio tenga connotaciones positivas

Lo que es positivo en un idioma a veces no lo es en otro. Haga el ejercicio de encontrar un nombre que sea positivo en todos los idiomas posibles.

Dominio ◄──► Número de Teléfono

≠ ≠

Hosting ◄──► Servicio Telefónico
(ISP) (CARRIER)

Este sencillo gráfico muestra un paralelismo entre un Sitio Web y el servicio telefónico comparando el dominio con el número telefónico y el hosting (provisto por el ISP) con el servicio telefónico (provisto por el *Carrier*) si usted quiere moverse de hosting puede hacerlo sin perder su dominio, de la misma forma que podría cambiar de compañía telefónica sin perder su número.

UNA BUENA IMAGEN

Una imagen de marca cuidada y eficiente es el primer paso para lograr un Website de calidad. Todo cuenta a la hora de verse profesional. El logotipo, la elección de colores, tipografías, iconos y demás identificadores de la marca dicen mucho sobre la calidad del Sitio.

22 › Use el poder del tagline*

A través de una frase concisa y breve, usted podrá reforzar el nombre elegido para su Website con su área de acción y objetivos. Así es como LG dice que "Life's Good" *(www.lg.com)*, Epson propone "Exceed your Vision" *(www.epson.com)* y desde SRP Communication & Brand Design comunicamos "Ideas that Work" *(www.srpdesign.com)*. Otros ejemplos interesantes son los de Office Depot *(www.officedepot.com)* con su lema "Taking Care of Business" y Vista Print *(www.vistaprint.com)* con su "Best Printing. Best Price".

¡Un buen *tagline* es clave a la hora de que el usuario pueda entender rápidamente de qué trata su marca y su Website!

* (Véase el gráfico de la página 30)

WEB BRANDING

Elementos necesarios para
conectarse con el usuario

NOMBRE MEMORABLE

— Cliente
— Empleados
— Otros

Público Objetivo *(Stakeholders)*

+

IDENTIDAD ÚNICA

— Logotipo
— Bajada *(Tagline)*
— Colores
— Tipografías
— Sonidos
— Mensajes
(Textos cortos)

=

MARCA PODEROSA

=

RECONOCIMIENTO INSTANTÁNEO

+

POSICIONAMIENTO

Gráfico: Copyright SRP Interactive

PROTEJA SU WEBSITE

Su Website es público y puede ser abordado tanto por su amigo como por su enemigo (hackers, competidores, robots, etc.). Proteger su Sitio es tan importante como proteger cualquier activo de su organización.

23 › Cuide su Sitio a través de la marca registrada

Es una buena idea usar un nombre que por sus características pueda ser registrado como marca en la categoría que corresponda (®, ™).

(Véase el gráfico de la página 32)

24 › Proteja su dirección de email

Publique la dirección de correo electrónico en forma de imagen y no como texto. Así evitará SPAM en su email, ya que los robots no pueden leer imágenes, todavía. Otra opción es generar un formulario de contacto. Evalúe siempre la relación costo-beneficio entre el riesgo del SPAM versus el beneficio de permitir al usuario hacer copiar-pegar *(copy-paste)* en el email cuando quiera comunicarse con usted por esta vía.

25 › Incluya una Advertencia Legal *(Disclosure)*

Es fundamental que su Website contenga una nota o advertencia legal para deslindar responsabilidades. En el caso de las fotografías de productos a la venta, por ejemplo, es posible que los colores o el formato difieran de la mercancía que el usuario adquirirá. Es importante que el usuario esté al tanto de ello para evitar falsas expectativas.

26 › Incluya la Política de Privacidad *(Privacy Policy)*

Describa de manera concisa cómo mantiene la privacidad de su cliente o usuario.

27 › Incluya una Nota del Copyright *(Copyright Notice)*

El Website es parte de su propiedad intelectual. No olvide incluir una nota al pie de las páginas consignando el derecho de autor y su fecha.

28 › Dominio y marca

Asegúrese antes de comprar el dominio para que el mismo no sea marca registrada de otra compañía. Puede verificarlo en Internet:

Estados Unidos: *www.uspto.gov* | Brasil: *www.inpi.gov.br*
Argentina: *www.inpi.gov.ar* | Chile: *www.inapi.cl*
España: *www.oepm.es* | Colombia: *www.sic.gov.co*

PROTECCIÓN DE LA MARCA

=

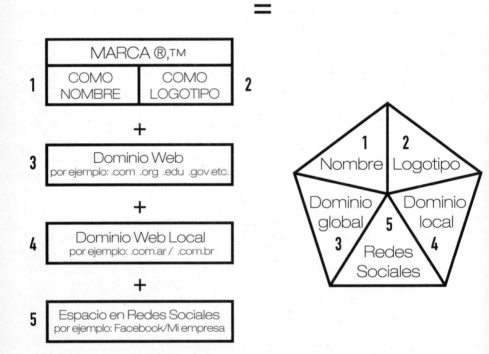

El gráfico muestra todos los registros a tener en cuenta para proteger la marca del Sitio Web. Sugiere registrar la marca como nombre y como logotipo, así como registrar los dominios globales y locales; y los espacios en las Redes Sociales afines a la marca.

Gráfico: Copyright SRP Interactive

CONTENIDO

El contenido del Website es la razón más importante por la cual el usuario lo visita. Es también el motivo por el que permanece en él más tiempo y la razón por la que regresará si decide hacerlo...*

29 › **Escriba pensando en la Web**

Lo que usted escriba se leerá en una pantalla y rara vez será impreso. Tenga eso en mente todo el tiempo. Una montaña de texto es una mala experiencia, intimidante, aburrida, y difícil de leer. Escriba para Sitios Web, no para impresos. Todo lo que ayude a que el usuario encuentre rápidamente lo que busca y que permanezca en el Sitio es bienvenido. Gran parte del contenido que se publica en la Web tiene un formato poco adecuado para el medio. Los textos deben ser cortos y concisos. Es fundamental que se puedan identificar de un solo vistazo, y, sobre todo, que vayan al grano. Evite el bla, bla, bla.

30 › **No haga párrafos largos**

Los párrafos largos resultan especialmente intimidantes para leer en la pantalla de un ordenador. Apóyese con viñetas *(bullets)* y párrafos cortos, así logrará mantener la atención del lector en la pantalla. (Véase Clave 29)

* (Véase el gráfico de la página 34)

FACTORES QUE HACEN QUE EL USUARIO REGRESE A SU WEB

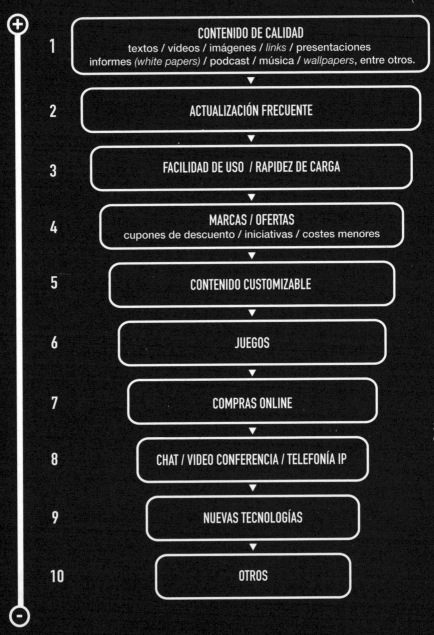

1 — CONTENIDO DE CALIDAD
textos / vídeos / imágenes / *links* / presentaciones
informes *(white papers)* / podcast / música / *wallpapers*, entre otros.

2 — ACTUALIZACIÓN FRECUENTE

3 — FACILIDAD DE USO / RAPIDEZ DE CARGA

4 — MARCAS / OFERTAS
cupones de descuento / iniciativas / costes menores

5 — CONTENIDO CUSTOMIZABLE

6 — JUEGOS

7 — COMPRAS ONLINE

8 — CHAT / VIDEO CONFERENCIA / TELEFONÍA IP

9 — NUEVAS TECNOLOGÍAS

10 — OTROS

Gráfico: Copyright SRP Interactive

El gráfico muestra, en orden decreciente, los factores más importantes que hacen que el usuario regrese al Website.
El contenido de calidad es sin duda el factor principal que permite lograr este objetivo.

31 › Establezca niveles de lectura

El lector de la Web está acostumbrado a revisar rápidamente la página para decidir si se queda o se va. Por eso es necesario tener el Sitio organizado en distintos niveles, para facilitar la lectura y prolongar la estadía de una manera amigable.

Leer en una pantalla es más difícil que hacerlo en un impreso. Por dicha razón establecer los niveles de lectura (título, copete, puntos, etc.) cobra más relevancia, especialmente si se trata de un *smartphone*.

Muy importante

Menos importante

No tan importante

Información adicional

32 › Hágalo escaneable

Asegúrese de que la totalidad de su Website pueda ser escaneada, tanto por la vista del usuario (que está acostumbrado a escanear muy rápidamente la información de la página), como por los buscadores más populares de Internet (Google, Yahoo!, Bing,* entre otros).

33 › Elimine contenido inútil (Use hiperlinks)

Si bien es importante que cada página tenga el contenido justo para no intimidar al usuario, Internet tiene la gran ventaja de que no tiene límites en la cantidad de contenido a incorporar. Se puede agregar todo aquello que se considere necesario. Utilizando links y dividiendo el texto en nuevas páginas, la lectura será más fluida y amigable. Por eso es necesario segmentar cada parte de la información que se quiere ofrecer con vínculos a distintas páginas. De esta manera se evita aburrir al usuario que navega por el Website. (Véase Clave 119)

---

* Bing es el buscador (Search Engine) lanzado por Microsoft en junio de 2009. Se promociona como un buscador inteligente, que ayuda a la toma de decisiones. Según su descripción: busca y organiza las respuestas que el usuario necesita para que pueda tomar decisiones más rápido y mejor informado.

GESTIÓN DE CONTENIDOS
Clave para el Éxito en la Era Digital

Volvo *Drive for Life* (Virtual Test Drive para XBOX)
www.century21.com
www.cite-sciences.fr

▲ **SEA DIGITAL** ▲

▲ Aun cuando se trate de una organización *brick and mortar.*

1 CUENTE UNA HISTORIA ►
www.ted.com
www.misionmundial.com.ar
www.ashtonscoolpix.com

2 INVITE A JUGAR ►
www.americasarmy.com
www.bk.com
www.disneylatino.com

3 SEA CREATIVO ►
www.ray-ban.com
www.giraffe.net
www.annalunna.com

4 SEA INNOVADOR ►
www.bugaboo.com
www.weightwatchers.com
www.theaxeeffect.com

5 SEA CONTAGIOSO ►
www.facebook.com
www.twitter.com
www.youtube.com

6 BUSQUE ALIADOS
Cobranding ►
nike+apple
The biggest looser+Nintendo
www.lacasae.com

7 SEA SOCIABLE ►
www.linkedin.com
www.baeblemusic.com
www.brahma.com.br

8 SEA ÚTIL ►
www.eatbetteramerica.com
www.ebay.com
www.frigidaireservicetips.com

9 SEA TRANSPARENTE ►
www.mystarbucksidea.com
www.jetblue.com
www.geico.com

10 PIENSE EN VERDE ►
www.willyoujoinus.com
www.greenpeace.org
www.philips.com

11 SEA PORTÁTIL
Smartphones y Tablets ►
www.freshdirect.com
www.ole.com.ar
www.ben&jerry.com

12 VIVA 24/7 ►
www.amazon.com
www.miamiherald.com
www.wired.com

Gráfico: Copyright SRP Interactive

34 › Dele una buena razón al usuario para visitarlo y quedarse en su Website

Sea conciso y claro. Pocas palabras, pero con sentido: escriba cosas útiles. Es preferible eso a una cantidad de frases irrelevantes que sus visitantes apenas lean ("sobre nuestra empresa... nuestra visión..."). Piense que con una palabrería inútil los usuarios se van a ir por el aburrimiento.

35 › About us (Acerca de la empresa)

Describa brevemente su historia, sus capacidades y objetivos. Diga en forma clara y concisa por qué su empresa u organización es diferente a las demás. Diferénciese de sus competidores, sin nombrarlos.

36 › Si se tiene que poner muy técnico haga un Glosario

A veces incluir cierta terminología técnica (o en otro idioma) sirve para fascinar a muchos usuarios, otorga estatus, muestra cierta calidad y *know how*, pero también elimina la posibilidad de ser encontrado por quien no sabe cómo se llama lo que está buscando.

Tenga esto en mente todo el tiempo y use términos sencillos que convivan con la terminología más sofisticada: sólo así podrá ser encontrado por posibles clientes no especialistas.

37 › You attitude

(Hable siempre en segunda persona)

Trate de hablar desde el "tú" o el "usted" todo lo que pueda, en lugar de hacerlo desde el "yo" o el "nosotros". El contenido debe siempre hacerse con el usuario en mente. Concéntrese en hablar desde los beneficios al usuario y no desde la soberbia del "yo" o del "nosotros", porque simplemente no va a funcionar.

38 › Incluya las FAQS *(Frequently Asked Questions)**
Ponga a disposición del usuario las preguntas más frecuentes con sus respectivas respuestas. No le haga perder tiempo ni pierda tiempo usted haciendo que le inquiera algo que pregunta la mayoría de los que ingresan a su Website.

* Preguntas frecuentes.

39 › Evite Introducciones

Esperar que cargue algo, o estar mirando durante varios segundos a que termine una animación sin saber qué es lo que ofrece el Website, ahuyenta a los usuarios... por más esfuerzo que se haya puesto en el desarrollo de la misma. No es suficiente con poner "saltar introducción" *(skip intro)*: también es fundamental transmitir en un segundo todo lo que se va a encontrar en el Sitio.

40 › La Intro del Website

Al igual que un tráiler de cine bien realizado, una buena introducción suscita la curiosidad del usuario y le da ganas de saber más. Por el contrario, una mala introducción lo espanta.
Trate de que la intro:
- Informe y entretenga
- Respete el ancho de banda
- Incluya siempre la opción de "saltar introducción" *(skip intro)*
- No sea aburrida ni demasiado larga
- No incluya información innecesaria
- Permita al usuario apagar el audio, si lo tiene
- Transmita de qué se trata el Sitio

Y por sobre todas las cosas, ¡asegúrese que sea rápida para cargar!
(Véase Clave 103)

41 › Desarrolle aplicaciones útiles para el usuario

Si puede incorporar aplicaciones útiles, no lo dude: éste es el mejor lugar para hacerlo. Calculadoras específicas de cuotas, calculadoras de rendimiento de materiales, cálculos de ahorro de energía, entre otras funcionalidades, son contenidos ideales para este medio.

Fertility Calculator

Trying to get pregnant? Our fertility and ovulation calculator can tell you the best days to try to conceive. It can even tell you your baby's possible due date! To determine when you're most likely to conceive, enter the first day of your last menstrual period:

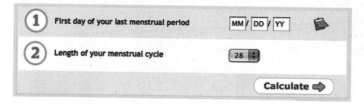

(1) First day of your last menstrual period   MM / DD / YY

(2) Length of your menstrual cycle   28

Calculate

Imagen: www.parenting.com/fertility-calculator.

Leer 222 Claves...
Revisar Estadísticas
Usar el checklist de SRP Interactive
Llamar a SRP Interactive
Visitar: www.222claves.com
Establecer Objetivos!
Medir resultados
Testear
Entender el Glosario Web

42 › Uso de metáforas visuales

En Internet, las metáforas son recursos que nos ayudan a trasladar las experiencias del mundo real del usuario al ciberespacio.
Utilice una metáfora si:
- Es adecuada para la marca o el producto
- Contribuye a la navegación
- Mejora la experiencia del usuario
- No suena forzada
- No eclipsa la marca

Un típico ejemplo de buen uso de una metáfora visual es el carrito de compras que utilizan muchos sitios con ventas online.

43 › Ayude al usuario con un Checklist

Bríndele herramientas fáciles de usar y que le sirvan para su actividad. Por ejemplo, si su Site es sobre cuidados del bebé, haga una lista para que los padres, cuando salgan a la calle, no se olviden de algo importante que pueda necesitar el bebé.

44 › Wallpapers

Genere fondos de escritorio atractivos para el usuario, que llamen su atención, para que desee descargarlos y ponerlos en su ordenador.

45 › Use fotos propias o de banco de imágenes

Asegúrese de que tiene los derechos para publicar la foto que desea en su Website y controle que sea por el tiempo que usted lo necesita.
(Véase Clave 142)

46 › Utilice el poder de las encuestas

Pregúntele al usuario qué piensa de su Website y cómo cree que usted puede mejorarlo para satisfacer la experiencia del navegante. También mantenga su Sitio vigente con pequeñas encuestas que permitan a los usuarios comparar su opinión con lo que piensan otros navegantes.

Imagen: EL PAIS.com

FORMA DE TRABAJO

Podríamos hablar horas de este punto en especial, pero vamos a detallar sólo algunas Claves que consideramos fundamentales.

47 › Planificar

Es conveniente dedicar tiempo a planificar las funcionalidades del Website, intentando prestar atención a todos los detalles de antemano, para luego comenzar la ejecución. Trabajar sin un plan definido es costoso, poco eficiente y muchas veces frustrante. ¡Imagine construir un edificio sin los planos! La planificación le permite adelantarse a los problemas. Más vale prevenir que curar.

48 › Detalles

No preste excesiva atención a los detalles. Aunque éstos pueden ser importantes y necesarios para verse bien, dedicarles demasiado tiempo o que esta dedicación excesiva impida que el Sitio esté online a tiempo puede ser contraproducente. Tenga en cuenta que muchos de estos detalles pasarán desapercibidos para el usuario. Es parte de la naturaleza Web, en la que más que nunca tiempo es dinero.

49 › Hágalo primero, modifíquelo luego

El *timing* en Internet es fundamental. La experiencia indica que es preferible que el Sitio esté hecho y no impecable, a que nunca se implemente algo por buscar la perfección inalcanzable. El trabajo en Internet tiene la gran ventaja de que puede ser modificado permanentemente. Entonces: ¿por qué usar la misma forma de trabajo que usamos para el material que va a ser impreso, que una vez que está hecho no puede ser modificado? En síntesis: *Just do it. Time is money...*

50 › Cambie la forma de trabajo

Piense que su trabajo no va a estar listo nunca, y que deberá ser perfeccionado día a día. Pregúntese cuántas páginas de competidores aparecen diariamente. Esto demuestra que no puede quedarse de brazos cruzados.

51 › ¿Estático o Dinámico?

Cuando piensa en hacer un Sitio Web, ésta es probablemente la primera pregunta que debería hacerse y debería poder contestar antes de hacer los primeros bocetos. Las palabras "estático" y "dinámico" pueden prestarse a confusión, y son muchos los que creen que un Website es dinámico por el solo hecho de tener Flash, vídeos o GIFs animados, que parecen moverse en pantalla. En líneas generales, si el Sitio tiene *e-commerce* o información que varía con frecuencia (como, por ejemplo, el Sitio de un diario), sin duda necesitará un Website dinámico, es decir con información variable y que responda a una base de datos. Si el Sitio permanece sin grandes cambios por cierto tiempo, en principio no será necesario invertir en que sea dinámico. El siguiente gráfico lo ayudará a entender el concepto, y le será muy útil a la hora de tomar decisiones acordes a sus necesidades.

▸ WEBSITE	▸ ESTÁTICO	▸ DINÁMICO
Acepta Flash o GIF Animados	Sí	Sí
Acepta Imágenes / Vídeo	Sí	Sí
Acepta Texto	Sí	Sí
Acepta Búsqueda Interna	No	Sí
Utiliza Base de Datos	No	Sí
Página Visualizada	Lo que se desarrolla es lo que se ve	Es una plantilla con un código que toma la información de una base de datos
Cantidad de Páginas	1 por cada producto que se muestra	1 para todos los productos que se muestran
Mantenimiento del Layout de las Páginas	Si se quiere cambiar algo en todas las páginas, se tienen que modificar todas las páginas	Se modifica la plantilla
Actualización de Información en las Páginas	Se requiere de conocimientos de desarrollo de Páginas Web para modificar la información de las páginas	Se requiere un *Content Manager* para modificar la información de la página. (Véase Clave 187)
Tipo de Acceso para modificar las Páginas	FTP *(File Transfer Protocol - Protocolo de Transferencia de Archivos)*	Navegador de Internet
Requerimientos del Servidor de Hosting	Simple	Más potente y con mayor requerimiento de memoria
Aconsejable	Para páginas con pocas actualizaciones y pocos productos/servicios	Páginas con muchas actualizaciones o con muchos productos/servicios
Ventas en Internet	No aconsejable	Aconsejable
Coste Inicial	Bajo ⊖	Alto ⊕
Coste de Mantenimiento y Actualizaciones	Alto ⊕	Bajo ⊖
Velocidad de Actualización	Lento (lo hace un tercero generalmente en horario laboral)	Inmediato (lo hace el responsable de la empresa en cualquier momento y lugar)

52 › **Busque ayuda profesional**

Las herramientas están al alcance de todos y cualquiera puede hacerle una Página Web… Pero sólo un Website hecho por profesionales puede darle los resultados que usted necesita para el éxito de su negocio.

LA ESPIRAL POSITIVA

Proceso de trabajo: desde la idea hasta la mejora continua

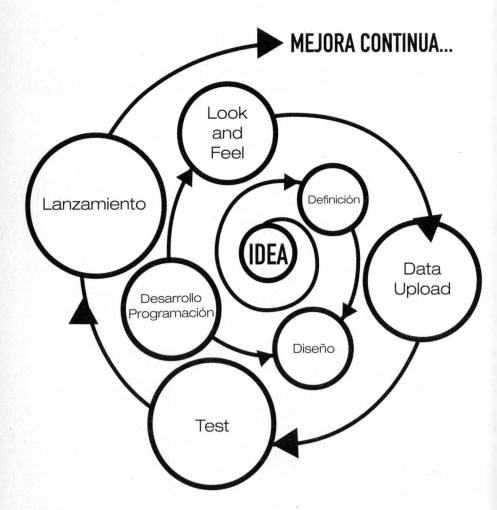

El gráfico muestra el trabajo en Internet como una espiral ascendente y positiva que no finaliza nunca, en busca de la mejora continua.

Gráfico: Copyright SRP Interactive

53 › Trabajo en Equipo Multidisciplinario

Hoy en día, trabajar en un Website exitoso es comparable al trabajo de realización de una película de Hollywood. Es el resultado del trabajo de un equipo interdisciplinario, con mucho talento y pocas horas de sueño.

- Expertos en usabilidad
- Expertos en tecnología
- Programadores Web
- Diseñadores
- Publicistas
- Expertos en Relaciones Públicas (PR)

- Generadores de contenido
- Infógrafos
- Redactores
- Editores
- Fotógrafos
- Músicos
- Expertos en SEO

Una lista que seguirá creciendo a medida que se profesionalice la industria.

2: VISIBILIDAD

(O CÓMO HACER QUE ME ENCUENTREN)

Hacer que su público objetivo llegue a su Website es una tarea que requiere de un expertise muy especial, tanto para la promoción tradicional fuera de Internet, como para la promoción en la Web, en la cual juegan un papel fundamental los buscadores (Search Engines) así como la publicidad online, a través de banners u otros medios más sofisticados.

PROMOCIÓN EN INTERNET

Todo esfuerzo es importante a la hora de promocionar su Website online. Asegúrese de poder ser encontrado por los buscadores, regístrese en los directorios, ¡conozca todos los trucos!

54 › Use la navegación a través de texto

La navegación por texto no sólo es mucho más rápida, sino que además les permitirá navegar sin problemas a los usuarios que tienen seleccionado en modo "off" las imágenes y a aquellos que usan *smartphones* (iPhone, Blackberry, Palm, entre otros), un segmento que cada vez cobra más importancia. Use algunas de las herramientas online que le permiten testear cómo su Website se ve en los teléfonos inteligentes y en los navegadores más populares.

55 › Asegúrese de que los usuarios puedan buscar en todo el Website

Cuando elija la tecnología que utilizará en el Website, cerciórese de que sea indexable por los buscadores. Esto le permitirá ser encontrado por los usuarios no sólo por la primera página, sino desde cualquiera de ellas. Es fundamental que el Website sea escaneable si quiere resultados.

56 › Utilice URL descriptivas

Usar estructuras URL sencillas y legibles, no sólo hará que el usuario entienda de qué se trata la página antes de que acceda a ella, sino que además mejorará su posición en los buscadores.

57 › Asegúrese de poner el texto ancla (Anchor text) en lugar del enlace (Links)

Cuando el objetivo es que alguien haga click en un enlace, es fundamental poner un texto relevante en lugar de detallar cómo se escribe el link. Resultará más amigable para el usuario y mejor resuelto para los buscadores.

58 › Cerciórese de que todas las imágenes tengan etiquetas

Esto tiene un doble propósito: por un lado, es beneficioso a la hora en que los buscadores indexan y posicionan la página, ya que no leen lo que hay dentro de la imagen, pero sí leen lo que hay dentro de la etiqueta "ALT"; por otro lado, ayuda al usuario para definir si quiere esperar o no a que termine de bajar la imagen –en caso de que la misma esté tardando mucho tiempo en bajar–.

59 › Título de las páginas II

Es muy común ver en un Website que todas las páginas tienen un mismo título, o que aparecen con el título que por *default* le coloca el programa con que lo desarrollaron (etiqueta *TITLE*). Por otro lado, el título es un componente muy importante para los buscadores cuando el usuario realiza una búsqueda. (Véase Clave 4)

60 › No utilice links realizados con JavaScript*

Los motores de búsqueda no encuentran los vínculos generados a través de JavaScript (provocando que las páginas no sean indexadas por los buscadores). Además, los links realizados con JavaScript muchas veces traen problemas al usuario a la hora de navegar por el Sitio y, lo que es peor, no se pueden navegar en los *smartphones*.

61 › No use texto oculto

Todo texto que por su color idéntico al fondo de la página no se lee a simple vista, está oculto. Es una técnica que se utiliza para sobrecargar de palabras clave una Página Web. A los motores de búsqueda no les gusta el texto oculto porque es algo que los engaña. Asumen que lo utilizan para mejorar la indexación.

---

* JavaScript es un lenguaje de encriptamiento *(scripting)* basado en objetos que se utiliza principalmente integrado en un navegador Web y permite el desarrollo de interfaces de usuario mejoradas y Páginas Web dinámicas.

OPTIMIZACIÓN DE LA PUBLICIDAD ONLINE

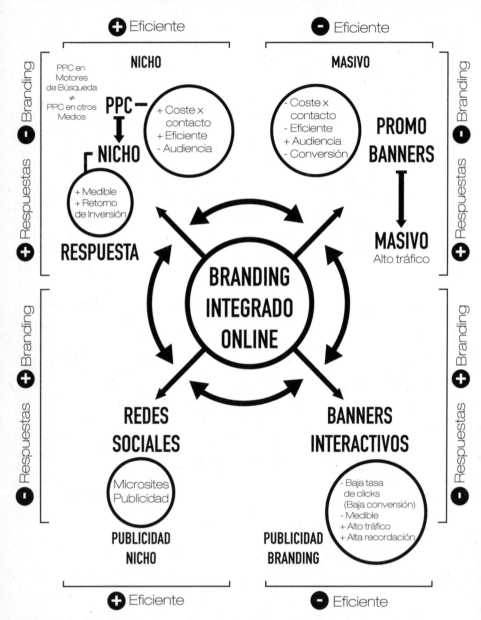

El gráfico muestra cuatro tipologías de publicidad online, evidenciando sus fortalezas y debilidades. Divide las formas de publicidad que son más efectivas para generar respuesta, de aquellas que son más eficaces para generar imagen de marca (*Branding*); al mismo tiempo que plantea la interrelación entre ellas. Por ejemplo, el PPC (*Pay Per Click*) cuando se utiliza en motores de búsqueda es el recurso más eficiente para generar respuesta, pero es más débil cuando se trata de ampliar la audiencia, ya que parte siempre de la necesidad concreta del usuario y no del impulso, como ocurre en el caso de los banners interactivos.

Gráfico: Copyright SRP Interactive

62 › Regístrese en todos los buscadores y directorios posibles

Si usted quiere ser visible, asegúrese de registrarse en la mayor cantidad posible de buscadores y directorios. Cuantos más buscadores y directorios lo vinculen, su Sitio será más popular y tendrá mayor posibilidad de ser encontrado. No olvide estar presente en Wikipedia.

63 › Secciones de intercambio de vínculos

Para ser popular no sólo es necesario estar registrado en la mayor cantidad posible de buscadores y directorios, sino que también es necesario estar vinculado en otros Websites. Para esto es necesario contar con una sección de intercambio de links. Asegúrese de que los links sean recíprocos y no sólo de su Website hacia el otro.

64 › No ponga vínculos a Sitios prohibidos (Banned sites)

Si coloca links desde su Website, ya sea por intercambio de links o porque le interesa mostrar alguna información determinada, asegúrese de que el Sitio no esté prohibido. ¡Y recuerde revisarlos periódicamente! Google, por ejemplo, es muy estricto en este tema. Y no se puede, si se pretende estar visible, quedarse fuera de Google.

65 › Elija bien las palabras clave

Use herramientas que lo ayuden a la hora de elegir las palabras clave de su Website. Utilice las herramientas gratuitas –como las que ofrecen Adwords* y Seomoz.org– que lo guiarán para elegir las mejores palabras clave utilizadas por los usuarios cuando realizan una búsqueda.

66 › Utilice palabras clave en el texto

Cuando desarrolle el Sitio, tenga en cuenta que no sólo es importante poner las palabras clave en los Meta Tags sino que además tienen que ser parte del cuerpo de la página.

---

* Probablemente AdWords, el sistema de "subastas" creado por Google para vender anuncios en su motor de búsqueda, es la idea de negocios más exitosa en la historia de la publicidad. Reporta anualmente unos 20.000 millones de dólares en ingresos. Fuente: Diario *Clarín*.

67 › Cuidado con el Flash

El Flash es enemigo del SEO (*Search Engine Optimization*, Optimizador de mecanismo de búsqueda). Todo lo que hay dentro de los archivos Flash es invisible para los buscadores. Un Website basado solamente en Flash se ve muy lindo... pero no va a ser encontrado. Utilícelo sólo cuando tiene que hacer algo que el HTML no pueda hacer (juegos, vídeo player, animaciones especiales) y asegúrese de que se trate sólo de una parte del Website, no del total. (Véase Mitos sobre SEO)

(Véase el gráfico de la página 91)

68 › Datos de Contacto

Aproveche todas las formas posibles de ayudar a que el usuario contacte con usted, en el mundo virtual y en el mundo real.

- Haga un mapa interactivo fácil de imprimir con su ubicación física.
- Explique cómo llegar (en auto, en transporte público, desde el aeropuerto) así como dónde encontrar estacionamiento.
- Publique su email, su teléfono y su dirección física.
- Y todo aquello que pueda ser útil para facilitar la vida del usuario.

(Véase Clave 24)

69 › No utilice marcos (Frames)

Los marcos dificultan la indexación de la Web y, por ende, la visibilidad del Sitio en la red. También hay que tener en cuenta que si alguien quiere poner como "favorita" una página que está dentro de un marco, no va a saber cómo hacerlo, a menos que sea un usuario avanzado. Por último, es importante saber que hay navegadores que no soportan esta tecnología.

70 › Conozca el PageRank de sus páginas

Todo Sitio tiene una calificación *(PageRank)*, que es la forma en que Google decide lo importante que es la página. No se refiere a todo el Website sino a cada página que lo integra. Cada página de un Website tiene un *PageRank* distinto. A la hora de mostrar una búsqueda, Google hace una combinación entre la calificación y el texto buscado, dándole prioridad a aquellos que tienen un *PageRank* más alto.

Importante: tener un *PageRank* alto no significa tener mayores visitas que otro Sitio con menor calificación. Recuerde que aquí sólo se trabaja con el concepto de relevancia de una página. (Véase Mitos sobre el *PageRank*)

**DEL WEBSITE
A LAS REDES
SOCIALES**

**DE LAS REDES
SOCIALES
AL WEBSITE**

71 › Promoción en Redes Sociales

Al igual que la firma en los correos electrónicos, el hecho de mencionar su Website en las Redes Sociales que utilice (Linkedin, Facebook, MySpace, SlideShare, Twitter, entre otras) puede llevar navegantes a su Sitio. Se trata de generar tráfico en una doble vía: desde su site a la Red Social y viceversa. (Véase el gráfico de la página 82)

72 › Firma en los mails

Un truco tan simple como colocar la URL del Website en la firma de los mails de los usuarios de su empresa, puede llevar muchos navegantes curiosos a su Sitio Web.

73 › Email Marketing

Ésta es una forma de promoción efectiva y económica. En el contacto directo con el público a través de campañas vía correo electrónico, lo más importante sigue siendo destacar quién envía la información y de qué trata esa información *(From y Subject)*. Tenga cuidado: su email no debe entrar en la categoría de SPAM.*

---

* Se llama SPAM o correo basura a los mensajes no solicitados, no deseados o de remitente desconocido, habitualmente de tipo publicitario, enviados en forma masiva. La vía más utilizada es la basada en el correo electrónico, aunque puede presentarse en otros soportes como la mensajería instantánea o el teléfono móvil.

74 › **Idiomas I**

Si quiere ser encontrado por gente que habla un idioma determinado, recuerde que su Sitio deberá estar en ese idioma. Los motores de búsqueda no traducen al indexar y sólo encuentran lo que está visible en la red.

75 › **Idiomas II**

No cree un Sitio Web sin versión en inglés, a menos que sólo le interese trabajar para su público local, ya que el idioma de Shakespeare es el más usado en la red. Si lo hace en una única lengua que no sea el inglés, la mitad del planeta no podrá leer su Website. El inglés funciona como un código común para la mayoría de los usuarios en Internet.

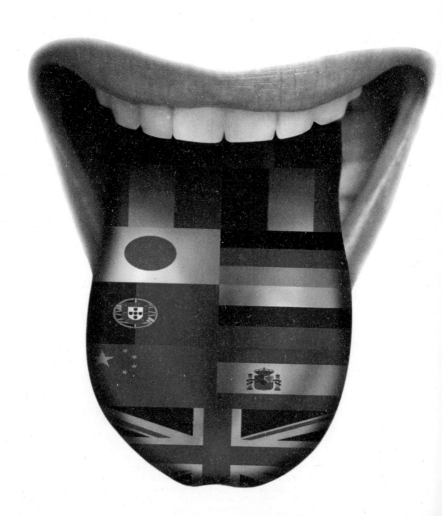

PROMOCIÓN FUERA DE INTERNET

Un Website exitoso no sólo es promocionado dentro de Internet, sino también fuera de la red. Desde la publicidad tradicional hasta las relaciones públicas, juegan un rol fundamental para crear el tan buscado efecto "boca a boca"...

76 › Promocione su Website online y offline

Tal como el Yin y el Yang, un tipo de promoción necesita del otro para lograr el objetivo final: hacer que su público objetivo navegue su Website y, sobre todo, ¡que vuelva! Muchos Websites famosos han crecido a través de la publicidad tradicional y las campañas de relaciones públicas. Es innumerable la lista de Sitios que hacen publicidad en TV abierta o cable y/o radio. Si quiere que su Website sea conocido rápidamente, considere destinar presupuesto a la publicidad tradicional, en TV, cable, vía pública, radio, gráfica y prensa.

La imagen muestra una típica publicidad de GEICO en una autopista de Estados Unidos. El famoso eslogan de la empresa: "Quince minutos pueden ahorrarle un 15 por ciento o más en el seguro de su auto", es uno de los más recordados. Warren Buffet, dueño de GEICO a través de Berkshire Hathaway, indicó que si pudiera invertiría 2.000 millones en publicidad por año, una cifra nada despreciable aunque lejana aún de los 751 millones de dólares que la compañía invirtió en publicidad en 2007 (última fecha de la que se tiene este indicador).

COMPRAR TRÁFICO

77 › Comprar Tráfico

Comprar tráfico a través de la publicidad online es una opción válida, siempre y cuando su producto sea muy masivo y necesite crear viralidad; pero puede ser también una opción muy costosa y poco eficiente. Un banner en un Website de alto tráfico (por ejemplo, el de un diario), si no está bien invertido, puede costar una fortuna: le facturarán por mes o incluso por hora. Es importante evaluar los resultados de la pauta publicitaria tanto desde la generación de imagen de marca *(Branding)* como desde las ventas concretas que genere la acción. Algunas campañas son útiles para la imagen de marca, pero no se traducen en ventas concretas. No se entusiasme demasiado, evalúe el costo-beneficio antes de pactar.

78 › Pay Per Click (PPC)

Es una herramienta muy interesante para llevar tráfico a su Website y captar la demanda natural que pueda tener su producto o servicio online. Pero también puede ser muy cara y poco eficiente si no cumple con ciertos requisitos:

- Cuanto más específico o segmentado sea el Sitio, la publicidad tendrá mejor Tasa de Conversión*
- Que esté segmentada la IP a las regiones que usted desea atender**
- Establezca un límite de presupuesto diario
- Monitoree permanentemente el retorno de la inversión
- Asegúrese de poder responder a la demanda que genere la acción.

De nada sirve invertir en PPC si luego usted no puede dar abasto respondiendo a la demanda.

79 › Limite el Pay Per Click (PPC)

Cuando contrate PPC, tenga en mente que muchos Blogs para financiarse piden a sus usuarios que hagan click en los enlaces patrocinados, lo que genera mucho tráfico inútil –ya que quien hace un click no es un potencial cliente *(prospect)* interesado genuinamente– y, por supuesto, aumenta el costo por contacto al reducir la eficacia de la acción.

80 › Publicidad online

Poner banners en distintos Websites que tienen muchos accesos es una buena forma de conseguir tráfico, siempre y cuando esos Websites estén relacionados con nuestro negocio.

* Tasa de conversión de PPC: es la relación entre los clicks y la cantidad de veces que se mostró el aviso (impresiones).

** A través de la IP se puede saber desde qué país se accede y en ciertos países a través de qué estado/provincia y/o ciudad.

DE CLICK A CLIENTE*

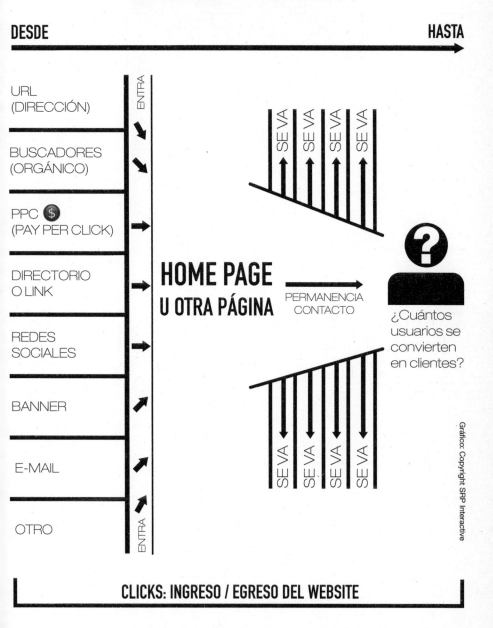

DESDE

HASTA

URL
(DIRECCIÓN)

ENTRA

BUSCADORES
(ORGÁNICO)

PPC
(PAY PER CLICK)

DIRECTORIO
O LINK

REDES
SOCIALES

BANNER

E-MAIL

OTRO

ENTRA

SE VA   SE VA   SE VA   SE VA

HOME PAGE
U OTRA PÁGINA

PERMANENCIA
CONTACTO

¿Cuántos
usuarios se
convierten
en clientes?

SE VA   SE VA   SE VA   SE VA

Gráfico: Copyright SRP Interactive

CLICKS: INGRESO / EGRESO DEL WEBSITE

El gráfico muestra la dinámica en la Tasa de Conversión, desde las distintas formas en que el usuario entra al Website y los distintos lugares por los que accede al mismo, hasta el instante en que lo abandona, así como los usuarios que finalmente "convierten" realizando la acción deseada.

* También se llama Conversión al porcentaje de usuarios que finalmente compra o realiza alguna acción deseada (por ejemplo, suscribirse a una lista de distribución) en sus visitas a un Sitio Web.

"

Es mucho más fácil aumentar el negocio del Sitio mejorando su Tasa de Conversión que incrementando el tráfico.

CONVERSIÓN DE BANNER

Más de 70 millones de impresiones por mes

Banner con X clicks por mes

Acceso a la Web del anunciante

Chat
email
Teléfono
Vendedor

Contacto con la empresa

¿Cuántos usuarios se convierten en clientes?

Cliente

Branding

Conversión de Banner

El gráfico muestra la Dinámica de Conversión de un banner pautado en el Sitio de un Diario, desde su publicación hasta la acción de clickear en el Website del anunciante para contactarse con la empresa.

Fuente: Clarín Online / Detect y SRP Interactive.
Clarín.com es uno de los Sitios de mayor tráfico de Argentina y el diario online en español más consultado de Latinoamérica, con 70 millones de impresiones mensuales. Pertenece al Grupo Clarín.

Imágenes: Clarin.com / Detect.com.ar

3: EL USUARIO
(O CÓMO COMPLACER
AL REY)

El usuario es el fin de todo lo que
hacemos en Internet, y es quien
determinará el éxito o el fracaso
de nuestro trabajo online.
Complacer al usuario debe ser
nuestra principal preocupación
en la búsqueda del éxito en la Web.

"

"Si existe una razón por la cual nos ha ido mejor que a nuestros colegas en Internet en los últimos seis años, es porque nos hemos enfocado con la precisión de un rayo láser en la experiencia del usuario, y eso realmente es lo que importa, pienso, en todo negocio. Con certeza, es importante online, donde el 'boca en boca' es muy, muy poderoso."

Jeff Bezos
CEO de Amazon.com

DAR CONTROL AL USUARIO

81 › **Si tiene que ejecutar vídeo o audio, deje que el usuario decida cuándo comenzar**

Si usted quiere mostrar vídeo o audio –a menos que se trate de una banda de música, una radio, un canal de televisión o un Website de música–, deje que el usuario sea quien decida cuándo comenzar, o si realmente quiere verlo. Piense que puede estar en una empresa, o en un lugar público, y no querer llamar la atención.

82 › **Ofrezca la opción de enviar un correo de contacto a través de un formulario**

Si se usa la función "mail to"* –en lugar de un formulario de contacto–, el usuario que se encuentra en un ordenador público y quiere comunicarse con la compañía a través de la página no lo puede hacer. En los PCs públicos no se puede abrir el programa de correo electrónico, por lo que es fundamental darle otra opción, como un formulario en la página propia.

83 › **No utilice un tamaño fijo del texto o fuente**

Habilite al usuario para que pueda controlar a través del navegador el tamaño de las letras con el cual está escrito el Website. Deje que el usuario elija cómo quiere verlo. Para esto, defina el tamaño de las fuentes en términos específicos (em) en lugar de píxels (px).

(Véase Clave 145)

84 › **Nunca suscriba al visitante sin su consentimiento**

El usuario es quien debe decidir si quiere o no recibir la información que se le enviará. Nunca olvide esta regla porque puede ser considerado invasivo y entrar en la categoría de generador de correo no deseado (SPAM).

(Véase Clave 73)

* Abre automáticamente el correo electrónico predeterminado por el usuario.

85 › No bloquee el botón derecho del mouse

A veces por miedo a que se copie algún texto, imagen o por algún otro motivo, se bloquea el botón derecho del mouse al usuario. Pero esto es inútil: el usuario tiene posibilidades de copiar todo el contenido de la página viendo el código fuente de la misma. Bloqueando el botón derecho del mouse se molesta a aquellos usuarios que por alguna razón pueden necesitar esta función.

86 › Acepte que no todo está bajo su control II

En diseño Web no es posible ordenar al usuario cómo navegar el Website. No funciona como un libro, que según el idioma permite leer de derecha a izquierda, de izquierda a derecha, de arriba abajo. Sólo pueden hacerse sugerencias, la clave es entender que cada usuario lo navegará de forma distinta.

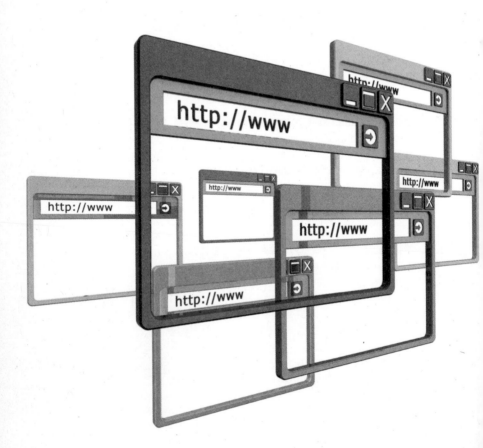

NO MOLESTE AL USUARIO (EL USUARIO ES EL REY)

87 › No abra ventanas nuevas del navegador

Cuando se abre automáticamente una ventana nueva, el usuario puede pensar: "¡¡Otra publicidad más!!", o que debe ser un error del Website. Acto seguido, una consecuencia fatal: cierra las ventanas y abandona el Website.

88 › Pop Ups*

No moleste al usuario con Pop Ups. El usuario está muy cansado de estas ventanas que contienen publicidad y se abren automáticamente. Es por esto que en muchos casos tiene bloqueada esa opción. Entonces, si necesita mostrar algo diferente hágalo en la misma ventana.

89 › No determine el tamaño de la ventana del usuario

Si modifica el tamaño de la pantalla puede descalibrarle al usuario el resto de las aplicaciones en donde él está trabajando. Recuerde que es muy posible que el usuario luego no sepa cómo volver a la configuración anterior.

90 › Pantalla Completa

No fuerce al usuario a utilizar la pantalla completa, bien utilizada brinda una experiencia única, pero al mismo tiempo puede resultar muy molesta para el visitante. Deje siempre que sea el usuario quien elija la forma de visualización.

91 › No rompa la navegación inutilizando el botón para volver (Back button)

Cuando el usuario no puede volver sobre sus pasos y/o aparecen pantallas de error, le da la sensación de que el Website no funciona correctamente. Esto sucede generalmente si se abre una ventana nueva o se utilizan links con JavaScript.

* Pop Up es una pequeña pantalla que emerge automáticamente mientras se accede a una Página Web, sin que el usuario lo solicite.

92 › Lidere la conversación: conozca a su público y valore su opinión

Cuanto mejor conozca a su público objetivo, más fácil le será llegar a él. Conozca especialmente los Websites y las Redes Sociales que frecuenta e identifique el tipo de contenidos que le interesa visitar. Aproveche las herramientas de tecnología 2.0 y lidere la conversación sobre su marca o empresa abriendo el juego, solicitando la opinión del usuario y estimulando el diálogo. Incentive la participación de los sectores claves de su empresa, así podrá establecer un diálogo genuino y por lo tanto más creíble. (Véase Clave 46)

PRINCIPIOS DEL DIÁLOGO ONLINE

Investigar
Escuchar
Definir Objetivos
Optimizar Herramientas
Generar Contenidos
Participar
Responder

INFLUIR

| Usuarios | Bloggers | Lectores | Referentes de Interés | Investigadores |

| Periodistas | Evaluadores | Comunicadores | Grupos |

Otros

93 › **No pida registrarse, a menos que sea necesario**
El usuario se registra sólo si cree que va a recibir algo a cambio que valga la pena para dejar sus datos. Si se requiere un registro o suscripción por algo que no es importante, lo más probable es que se vaya y ya no regrese.

94 › **No pida información personal si no la necesita**
Si usted pide al navegante que se registre y le pregunta temas personales que no tienen ninguna relación con lo que le ofrece, desistirá de registrarse y no volverá a su Website porque creerá que su intención es únicamente sacarle información personal, o lo completará con información inútil o falsa.

95 › **"Instale el siguiente componente, o de lo contrario no podrá navegar el Sitio Web…"**
Este mensaje que aparece muchas veces cuando se ingresa a un Sitio, suele ser un real "espanta usuarios", especialmente aquellos que no tienen mucho conocimiento y tienen temor a la tecnología. Si la meta es que el usuario navegue por el Sitio, usted debe estar seguro de que no necesitará cargar nada extra para lograrlo (por ejemplo, una nueva versión de Flash, ActiveX, Quicktime, Silverlight, etc.).

96 › **No use cookies a menos que sea necesario**
Muchos usuarios particulares y empresas, a través de sus políticas de seguridad, no permiten grabar cookies.* Entonces su Website simplemente no funcionará. Y su esfuerzo será en vano.

Esto no es una Cookie

* Las cookies son pequeños archivos que almacenan información sobre un Website en el ordenador del usuario cuando accede por primera vez. Se emplean para asignar a los visitantes un número de identificación individual que permite reconocerlos en nuevos ingresos y recordar su información personal y sus preferencias.

97 › ¡No grite!

ESTÁ PROBADO QUE LA PALABRA EN MAYÚSCULA ES EL EQUIVALENTE A UN GRITO EN EL TEXTO ESCRITO. ¡No le grite al usuario! Nunca se lo va a perdonar.

98 › Formularios incómodos o mal diseñados

Evite hacer formularios que requieran mucha información. Si debe cumplir múltiples objetivos, desarrolle un formulario específico para cada necesidad. Facilite la vida del usuario.

99 › Si el link descarga un archivo, ¡avise!

Cuando haga un link a un archivo, avise qué tipo de archivo es, y dé algunos datos como el peso del mismo. Utilice iconos y enlaces de textos, una reseña del mismo y, por último, no olvide proporcionar el link para que pueda, en caso de ser necesario, instalar el plug-in para leerlo.

100 › No tenga links que no funcionan

Continuamente chequee los enlaces que tiene en su Website, especialmente si apuntan a otros Sitios. Éstos pueden ser removidos, cambiados, etc. La credibilidad de su Website baja si tiene links que no apuntan a ningún lado y dan mensaje de error.

101 › Si requiere tener algún puerto abierto, ¡avise!

Es muy común que algunas empresas o los mismos usuarios tengan bloqueados ciertos puertos.* Si usted tiene algún link a un Sitio que requiere tener un puerto determinado abierto por parte del usuario, indíquelo (por ejemplo, a cámaras de vídeo, Webmail, etc.). Si no lo hace, parecerá ser un error en lugar de un problema del Firewall.** Esto es bastante frecuente cuando el usuario se encuentra en una red pública, en un cibercafé, o en un hotel, ya que son lugares que normalmente bloquean ciertos puertos por seguridad.

* Un puerto lógico es un enlace virtual que permite la entrada y salida de información desde nuestro ordenador. Existen puertos lógicos con distintas funcionalidades que permiten que los programas puedan conectarse a nuestro ordenador y traspasar la información. Si le interesa saber más sobre este tema vale la pena ver el vídeo Guerreros de la Red que puede encontrar en YouTube, que ofrece una explicación sencilla e impecable.

** El Firewall es un filtro (hardware o software) entre el ordenador y la red, o la red e Internet, que limita las posibles conexiones a través de los puertos lógicos.

102 › Website o página "En construcción"

Si tiene parte del Sitio que no está realizada, no la suba ni ponga el menú correspondiente. Sólo muestre la parte del Website que está finalizada. ¿Para qué informar que hay una página que todavía no tuvo tiempo de hacer?

103 › Páginas lentas para cargar

No asuma que todo el mundo tiene acceso a Internet rápido y que los usuarios podrán ver sus páginas por más pesadas que sean. Recuerde que muchas veces el usuario comparte redes con otras personas, o está paralelamente bajando archivos o escuchando música en radios online. Tenga en mente que cada vez más usuarios navegan desde un teléfono móvil. Por eso, es importante utilizar el atributo *ALT* o *TITLE*. ¡Recuerde que a menor peso, mejor estadía! (Véanse Claves 4 y 58)

104 › Ampliación inadecuada de las imágenes

Es común incluir imágenes pequeñas con una función para ampliarlas automáticamente cuando el usuario pasa sobre ellas con el mouse. Es necesario que el navegante sepa que la imagen se ampliará, de modo que sea él quien tome la decisión de hacerlo.

105 › No camufle sus links (Cloak links)

No se debe camuflar un enlace con un nombre que luego, cuando el usuario haga click, esté apuntado a otro lado. Será mal percibido por el usuario, que está acostumbrado a detectar prácticas engañosas. Por ejemplo, cuando llega un SPAM de un supuesto banco para chequear la contraseña, y al hacer click en lugar de dirigirse a donde dice el link lo lleva a otra página para poder sacarle información

106 › Páginas Web enemigas de la impresora

No es común que los usuarios impriman las páginas Web; pero si así lo quisieran, la impresión debería ser simple (generalmente cada hoja se imprime en dos o tres partes). Los navegadores ya cuentan con un botón o menú "imprimir". Es desaconsejable implementar otro botón adicional que genere archivos en PDF para su posterior impresión. Le hará perder tiempo al usuario.

107 › Contadores

¿De qué sirve poner: "Usted es el navegante 19.380" o "7.053.968"? El usuario es único y no quiere ser visto como un número. No le va a prestar más o menos atención por saber cuántos usuarios accedieron a su Website. Se va a fidelizar al usuario si se lo trata bien y si él encuentra lo que quiere.

108 › El Sitio es suyo, no de los que pagan para tener publicidad ahí

Cuando venda publicidad recuerde que vende porque los usuarios quieren ir a su Website. Nunca tape sus contenidos con publicidad externa. Con esto lo único que logra es ahuyentar al usuario y, por ende, perder la publicidad.

109 › Buscador interno ineficiente o inexistente

El buscador *(Search)* es uno de los ítems más importantes de un Website. Es por eso que no hay nada más frustrante que tener un buscador que no busca, o un buscador inexistente, especialmente cuando se trabaja con un Sitio muy grande y con base de datos. El usuario debe poder encontrar lo que necesita sin ningún tipo de dificultad.

110 › Buscador fácil de ubicar (Search)

Si su Website tiene un buscador –algo que es altamente recomendable–, es importante que éste pueda ser encontrado fácilmente. Lo más aconsejable es usar las convenciones y los estándares, ya que el usuario está acostumbrado a encontrarlo generalmente en la parte superior derecha del Website.

TIEMPO ES DINERO

"En ocasiones al innovar
se cometen errores.
Es mejor admitirlos rápidamente
y concentrarse en mejorar
nuevas innovaciones."

Steve Jobs
Co-fundador y CEO de Apple Inc.

NO ME HAGAS PENSAR, NI PERDER TIEMPO

111 › Usted está aquí

Asegúrese de que el usuario siempre sepa en qué lugar del Website se encuentra. Esto que parece una obviedad, no lo es.

Indíquele al usuario dónde está. Escriba con links, a través de menús, para que sepa en dónde estuvo y cómo llegó hasta ahí.

(Por ejemplo: productos -> diseño -> Web).

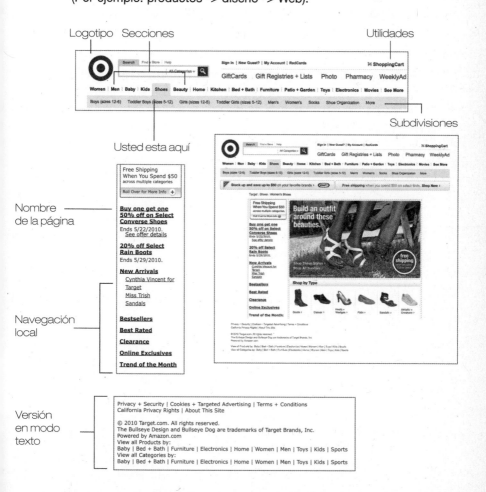

Imagen: Target.com

112 › **No utilice una página de inicio que tenga sólo el logo y un link de acceso al Sitio**

Cuando un usuario accede a la Página Web no quiere perder tiempo. Necesita saber de qué se trata y un logotipo con un "haga click aquí" no dice nada. Sólo invita a abandonar el Website.

113 › **No moleste ni confunda al usuario con la versión que utiliza**

Si hay que preguntarle al usuario qué versión de Flash, qué ancho de banda o qué navegador tiene, lo más probable es que no sepa la respuesta. Está comprobado que en el 95% de los casos el usuario no la sabe. Y si contestando es la única forma que tiene de llegar a la información, es altamente probable que se vaya del Website, antes de poder entrar.

114 › **Use una estructura de navegación simple**

No confunda al usuario. Cuanto más sencillo e intuitivo sea el manejo de los menús, más fácil se le hará la vida al usuario para acceder a donde él quiere.

115 › **Incluya accesos a páginas principales al pie de las mismas**

Cuando el Website posee muchos menús y submenús, es recomendable utilizar –por más redundante que sea– accesos a las páginas principales al pie de las mismas, de modo que el usuario pueda ir rápido a donde necesita.

116 › **Desarrolle la página pensando en el usuario, no en usted**

Si la página la entiende solamente usted, ¿de qué sirve? El usuario está acostumbrado a estándares. Utilice las convenciones: no cambie el nombre de un botón por algún otro que usted inventó porque el usuario no va a entender qué es lo que tiene que hacer.

117 › **Si tiene que explicar cómo se tiene que navegar en el Sitio, ¡rediséñelo!**

A menos que sea un juego, o un sistema avanzado, los links tienen que ser lo suficientemente descriptivos para que el usuario, si le interesa, "haga click ahí". Si debe colocar "haga click aquí" por todo el Sitio, seguramente su Website está mal construido.

118 › Contenido nuevo difícil de encontrar

Si el Website se actualiza constantemente, es un deber decirle al usuario recurrente dónde encontrar la información nueva, de una forma sencilla y certera. El usuario vuelve porque cree que el Website le dará más de lo que le dio anteriormente; muy pocas veces volverá para ver lo que ya vio en el pasado.

119 › Evite utilizar páginas muy largas

Apóyese en el potencial de la Web. Este medio no es igual a un libro impreso. Aproveche la posibilidad de utilizar los links para desdoblar la información en múltiples páginas y ofrecerle al usuario que apunte a los contenidos que realmente necesita. (Véase Clave 33)

120 › Sea coherente en los recursos que utiliza

Si usa un lenguaje, respételo. No mezcle lenguajes visuales o de usabilidad, ya que sólo confundirán al usuario y se verá poco profesional. (Véase Clave 128)

121 › Evite el ancho de página fija demasiado grande

Si bien lo ideal es que el usuario nunca tenga que utilizar la barra de desplazamiento vertical (scroll), cuando así sucede él lo entiende y lo acepta. Pero tenga en cuenta que no está acostumbrado a utilizar la barra de desplazamiento horizontal.

Por eso es conveniente saber cuáles son los estándares actuales de pantalla para que el Sitio no se exceda del ancho estándar (actualmente es de 1024 x 768 píxeles). Otra opción es programar la pantalla para que se adapte automáticamente al ancho de la página que tiene el usuario (aunque esto es complejo y se debe evaluar si vale la pena la inversión en desarrollo tecnológico).

Favicon.ico

Imagen: AnnaLunna.com

122 › Agregar a favoritos

Facilítele la estadía al usuario. Si el usuario cree que su Website es importante y es digno de agregarse a sus favoritos, ofrézcale a través de una opción del menú la posibilidad de agregar su Página Web a favoritos. No olvide ubicar el icono Favicon* (favicon.ico) en la barra del navegador. Dele al usuario también la posibilidad de guardar el bookmark en Delicious,** o el botón de "esto me gusta" para poner en su cuenta de Facebook.

123 › Menú de navegación difícil de utilizar y encontrar

El menú se debe distinguir como tal. Si desarrollamos un Website en el cual el menú está camuflado con el Sitio, ¿de qué nos sirve si el usuario no lo entiende? Hay que mantener el contenido con un acceso simple.

124 › Sorprenda sin confundir

La interfaz debe ser como el mayordomo clásico y eficiente: una guía amable y sutil, pero nunca una presencia molesta.

* El Favicon (apócope de Favorites Icon) es el icono del Website (bookmark icon). Los Favicons se visualizan en la mayoría de los navegadores. Es un pequeño cuadrado de 16 x 16 píxeles que se instala en el directorio raíz del Website. Ver la imagen de la Clave 122.

**Delicious *(www.delicious.com)* es una red social especializada en bookmarks que permite a sus usuarios guardar, compartir y descubrir links a Sitios Web.

125 › Los links de las páginas visitadas deben cambiar de color

El usuario quiere saber que ya entró en una página determinada, para no perder el tiempo en leer nuevamente lo mismo. Entonces es fundamental respetar los estándares de los links activos y visitados.

126 › Diferenciar el Website de un impreso

Un folleto impreso se lee en forma lineal, empezando siempre por la primera o última hoja (según el idioma en que esté escrito). En cambio, el Website es totalmente distinto: el usuario puede acceder desde cualquier punto de la página y no acceder desde alguno en particular. (Véase Clave 7)

127 › Use sus materiales impresos

Si usted ya cuenta con brochures y materiales impresos, puede usarlos en su Website en formato Flash o PDF, para que los usuarios puedan "hojear" el brochure o descargarlo. Tenga en cuenta que sólo se trata de material que agrega información y no compite con su Website.

128 › Usabilidad y Funcionalidad

Son claves a la hora de retener al usuario. Cuanto más simple de navegar sea el Sitio, mejor construido se encuentre y, sobre todo, si funciona de acuerdo con las expectativas, mejor será la experiencia del usuario. Y, por lo tanto, mayor la tasa de permanencia y retorno.

129 › Utilice el autocompletado en los campos de texto

Cuando un usuario empieza a escribir en un campo de texto algo que es estándar, es importante utilizar la función de autocompletado. Esto lo ayudará a seleccionar rápidamente lo que le interesa y, sobre todo, a no cometer errores al tipear.

130 › Reduzca al mínimo la cantidad de clicks

El usuario debe llegar a la información en no más de dos o tres clicks. Entonces no hay que hacer muchos niveles/subniveles. Cuanto más simple sea la navegación, mejor es para la experiencia del usuario.

"

"Lo que hace que eBay sea exitoso… El verdadero valor y poder de eBay es su comunidad. Son los compradores y vendedores que se unen y forman el mercado."

Pierre Omidyar
Fundador de eBay

131 › RSS (Really Simple Syndication)

Si su Website se actualiza con cierta frecuencia, brinde al usuario la posibilidad de suscribirse al RSS. Éste es un formato que permite enviar a los suscriptores del Website la información que cambia al ser actualizado el Sitio, sin la obligación de visitarlo en búsqueda de actualizaciones. Para replicar la información se utiliza un software especial o también se puede recurrir al RSS que traen las últimas versiones de los navegadores. (Véase Mitos sobre SEO)

132 › Facilite varios métodos de pago

Si bien el común denominador es el pago a través de tarjetas de crédito, ofrezca también, en lo posible, pagar por otros medios: contra reembolso, cheques, órdenes de pago, etc. Además, si utiliza tarjetas de crédito aparte del *Merchant Account* que elija, ponga como opción usar PayPal®, donde muchos usuarios ya tienen generada y verificada la cuenta.

133 › Acepte transacciones internacionales

Al estar en Internet su negocio deja de ser local para pasar a ser global. Acepte transacciones de tarjetas de crédito de otros países. Asegúrese si usted tiene cargos y/o está habilitado para exportar su servicio o producto. También tenga en cuenta si puede generar transacciones comerciales con ese otro país, los costos de envío, los costos aduaneros, tiempos de traslado, etc. Agregue un convertidor de monedas (*Currency Converter*) a su Website.

134 › Ofrezca opciones de envío (shipping)

Si su Website vende productos que deben ser enviados al cliente, el costo del envío incidirá en el valor final que pague su cliente. Ofrézcale opciones, de modo que sea él quien pueda controlar el precio final con el que recibirá el producto, según sus necesidades.

135 › Escuche a su cliente

Si el usuario tiene la deferencia de hacerle alguna observación o una sugerencia sobre su Website, no la deseche. Agradézcaselo, ya que la mayoría abandonará su Site y no volverá sin darle ningún tipo de explicación. (Véase Clave 92)

〉

4: REPUTACIÓN
(O LO QUE SE DICE DE TI)

Cuide la reputación de su Website
con la misma dedicación que le
brinda a su empresa, a su marca
o a usted mismo. Una buena
reputación es la base de los
buenos negocios. Esto se aplica
especialmente online.

REPUTACIÓN ONLINE

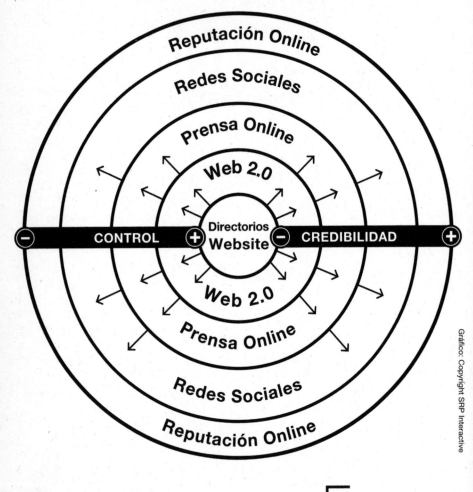

Gráfico: Copyright SRP Interactive

Los iconos funcionan como vínculo entre el Website de la compañía y las Redes Sociales "controladas" desde la empresa.

El gráfico muestra que, más allá de tener un excelente Website, lo importante es contar con una buena Reputación Online.
En el centro del gráfico se encuentra el Website de la organización y hacia la periferia, la totalidad de la Web que construye la reputación online.
Haciendo una analogía con el mundo real y con la diferencia entre la publicidad y las relaciones públicas, el Website de la compañía tiene más control sobre los mensajes, pero menos credibilidad, dado que es lo que la compañía dice sobre sí misma (tal como ocurre con la publicidad). Por el contrario, a medida que nos acercamos a los círculos externos, el control que se ejerce sobre los mensajes es menor, pero la credibilidad es mayor (así como ocurre con las campañas de Relaciones Públicas), dado que se trata de lo que otros dicen sobre la compañía.
Las Redes Sociales funcionan como un enlace entre ambos mundos.

CREDIBILIDAD

136 › Monitoree su reputación online* (ORM)

Cada vez son más los usuarios que "googlean" el nombre de su empresa, su marca y hasta la de sus ejecutivos, buscando información, o simplemente buscando acceder a su Sitio. Los resultados de esta búsqueda generan un cúmulo de información que le llega al usuario de diversas fuentes a través de la Web, lo que finalmente construye su reputación online.

Al igual que lo que ocurre offline, lo que otro dice sobre usted siempre resulta más creíble que lo que usted dice acerca de sí mismo.

En el gráfico de la página 82 se puede ver claramente como a medida que nos acercamos al centro, es decir al Website corporativo, el control que se tiene sobre los mensajes es mayor pero la credibilidad es menor. Cuanto más nos alejamos de dicho círculo, la credibilidad aumenta pero disminuye el control sobre los mensajes.

Es importante monitorear la reputación online para poder neutralizar los mensajes negativos y realzar los positivos, que se encuentren en Blogs, Websites 2.0, Redes Sociales, periódicos, y un sinfín de Sitios que crece día a día. Preste especial atención a Facebook.**

* *Online Reputation Management*, o ORM es la investigación continua y el análisis de la reputación personal o profesional, de un negocio o industria, representada por los contenidos en los medios online. También se la conoce como *Online Reputation Monitoring*.

** La Red Social Facebook superó a Google en número de visitas en Estados Unidos, según la empresa de medición de tráfico de Internet Experian Hitwise. En total, Facebook acumuló el 7,07% de las visitas de los internautas norteamericanos, frente al 7,03% del gigante buscador. El estudio confirma el imparable aumento de la audiencia de Facebook, cuyas visitas han crecido un 185% en el último año en Estados Unidos frente al 9% de Google. De hecho, la Red Social ya superó en visitas a este buscador en determinadas festividades, como Nochebuena y Navidad. Experian Hitwise realiza sus mediciones sobre una base de 10 millones de hogares estadounidenses, y un millón de Sitios Web en 160 países. El espectacular aumento del tráfico de Facebook indica la creciente evolución de Internet hacia las Redes Sociales y hacia redes abiertas, en las que los usuarios pueden colgar sus contenidos. En este sentido, Google ha sido lento en reaccionar: su Red Social Orkut tiene escasa implantación fuera de algunos mercados concretos como Brasil, y sólo el mes pasado el buscador lanzó Buzz, un sistema similar vinculado en parte a su servicio de correo online Gmail, que ha sido objeto de una fuerte controversia por sus problemas de privacidad. Fuente: Información publicada en el diario *El Mundo* (España).

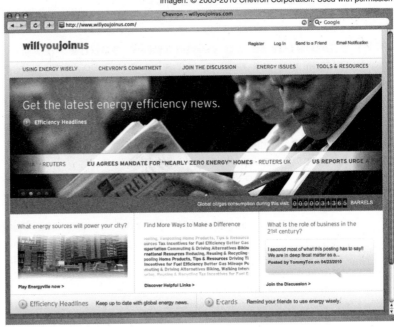

137 › A veces es mejor sin marca (Unbranded)

Con este mismo criterio, muchas empresas realizan inteligentemente Websites sin marca, generalmente utilizando el lema de una campaña u otra estrategia con la finalidad de descorporatizar el mensaje. Algunos ejemplos inteligentes que vale la pena observar:
www.eatbetteramerica.com patrocinado por General Mills.
www.willyoujoinus.com patrocinado por Chevron.
www.saludfemenina.com.ar patrocinado por Laboratorio Elea.

138 › Sitios Seguros

El usuario naturalmente tiene miedo de dejar los datos de su tarjeta de crédito en un Website. Es por eso que si no se cuenta con los estándares de seguridad correspondientes es mejor no solicitar el número de tarjeta de crédito ni los datos personales. La solución más simple es poner un contacto telefónico y que se realicen todas las transacciones por esa vía. No hay peor forma de defraudar la confianza del usuario que él se convierta en víctima de un fraude después de usar su tarjeta de crédito en su Website.

139 › Sea honesto

No prometa lo que no puede cumplir sistemáticamente.

140 › **Idiomas III**

Si va a desarrollar su Website en un idioma que no es su lengua nativa, realice las traducciones con un profesional del área, y asegúrese de tener personal calificado que pueda responder a las inquietudes de los usuarios que se comunican en esa lengua. No tiene sentido tener un Website mal traducido, ni poner la Página Web en un idioma con el cual nadie de la empresa se puede comunicar. Sobre todo, nunca utilice software para traducir sin intervención humana.

141 › **Testimoniales**

Cultive su buena reputación en la Web estimulando el feedback de sus clientes. Si realiza actividades de Responsabilidad Social Empresarial (RSE), no deje de mencionarlas en su Website.

142 › **Copyright I**

Asegúrese de que todo lo que ponga en su Sitio cumpla con las leyes de "derechos de autor", y de tener el derecho de usarlo. Imágenes, sonido, música, vídeo, software, textos, modelos publicitarios, juegos, aplicaciones, etc., si no han sido generados por usted, seguramente tienen un derechohabiente. Si han sido generados por su empresa, asegúrese de cumplir con todos los detalles por escrito.

143 › **Copyright II**

Los derechos de autor tienen vencimiento, ya que son contribuciones para la humanidad en su conjunto. Pero el hecho de que un tema musical determinado no pague derechos de autor, no implica que usted esté habilitado para comprar un CD y subir la música al Website.
La música tiene:
- Composición musical (derecho de autor por la letra y música)
- Ejecución (derecho del intérprete)
- Fonograma (derecho de quien grabó y comercializó)

A modo de ejemplo, si quiere utilizar música clásica interpretada por Zubin Mehta y grabada por Sony, pida un presupuesto a los derechohabientes antes de ejecutar su idea, porque si no estará infringiendo la ley de Copyright.

"Lleva 20 años construir una reputación y 5 minutos arruinarla. Si piensas acerca de ello, harás las cosas de forma diferente."

Warren Buffett

CEO de Berkshire Hathaway

LEGIBILIDAD Y DISEÑO

(O CÓMO VERSE PROFESIONAL)

144 › La legibilidad está por encima del diseño

Asegúrese de que el usuario puede leer lo que usted escribe. Usar fuentes (tipografías) muy sofisticadas puede ir en contra del usuario. Cuando se elige una fuente hay que tomar en cuenta que el usuario la verá igual sólo si tiene la misma tipografía instalada en su ordenador. Por eso es fundamental manejarse con las fuentes que vienen con el sistema operativo y que son estándar para todos los usuarios. Ejemplos: Verdana, Arial, Georgia, Helvética, Times New Roman.

Si se quiere usar una tipografía especial deberían utilizarse imágenes, pero es clave tener en cuenta que lamentablemente no serán buenas para los buscadores, ya que éstos no pueden leer el contenido de las imágenes.

145 › Tipografía

Como en cualquier proyecto de diseño, la tipografía desempeña un papel fundamental para comunicar sus ideas de una forma adecuada.

- Seleccione bien la tipografía
- Asegúrese de que sea legible y que tenga el tamaño necesario
- No use demasiadas tipografías diferentes (excepto que se trate de un catálogo online para vender tipografías).

146 › Utilice con cuidado la medida de las tipografías

La mayoría de las veces, los diseñadores utilizan las medidas de las tipografías (fuentes) en puntos en lugar de en términos específicos (em).* Recuerde que las medidas de puntos (point o pt) son usadas para el diseño en papel, en cambio el "em" es la mejor opción para utilizar en Internet. (Véase Clave 83)

---

* Em: unidad de medida tipográfica muy utilizada en los medios digitales, por su valor escalable que permite a los usuarios definir el tamaño de la tipografía con el cual desean visualizar los textos.

147 › Lorem Ipsum

Estos vocablos latinos se utilizan para denominar al texto que se usa habitualmente para mostrar tipografías o en borradores de diseño para probar cómo se verá antes de insertar el texto final.

Antes de lanzar su Website asegúrese de eliminar todo el texto simulado *(FPO, For Placement Only)*. Nada más desagradable que encontrar texto simulado, sólo para ocupar espacio, en un Website. Lo hará verse poco profesional y dará la idea de que no ha tenido tiempo de mirar su propio Sitio Web. Si usted no tuvo tiempo de hacerlo, ¿por qué otra persona sí lo haría?

148 › Diseñe su página pensando en los teléfonos inteligentes (smartphones)

Para ver la página en los *smartphones* hay que evitar todo lo referente a JavaScript y Flash. Si desea utilizar estas tecnologías en su página, haga dos versiones: una para los usuarios con ordenadores y otra para los móviles. (Véanse Claves 54 y 60)

La imagen de la derecha muestra un camión de *FreshDirect*, supermercado virtual líder en la ciudad de Nueva York, con el anuncio de un nuevo sistema para comprar en el Sitio desde el iPhone.
Fuente: FreshDirect, LLC. FreshDirect is a registered Trademark of FreshDirect, LLC; iPhone is a registered Trademark of Apple, INC.

149 › Tenga cuidado con los menús desplegables

Si no tiene bien desarrollado el menú desplegable es posible que no sea visualizado en todos los navegadores ni en los teléfonos móviles, especialmente en los *smartphones*.

150 › Haga los links visibles

El usuario tiene que reconocer rápidamente qué es un enlace *(link)* y a dónde lo lleva.

151 › No subraye o coloree texto normal a menos que sea necesario

El usuario puede confundirlo con un link y pensar que el Website no funciona bien.

152 › No use colores fuertes

Pueden ser poco visibles para el usuario, le pueden provocar dolor de cabeza o sacarle legibilidad a la página.

153 › Evite el corrimiento de texto

Cuando tenga un link inserto en un bloque de texto, al pasar el mouse *(on mouseover)* no varíe el tamaño de la tipografía *(font)*, ni lo convierta en negrita *(bold)*; inevitablemente el texto se correrá y molestará la lectura.

154 › No llenemos el Website de mensajes (Badges)

La información que se quiere brindar debe estar en la página correspondiente. Si es necesario comunicar algo especial, hay que poner solamente eso en la primera página, no todos los mensajes que se quieran dar al mismo tiempo. Un Website abarrotado de información pierde efectividad y se ve muy poco profesional.

155 › No mezcle publicidad con el contenido

Si quiere poner publicidad en su Sitio, dedíquele un espacio determinado: no la mezcle con su contenido. El usuario puede confundirse y creer que es parte del Sitio, y como consecuencia de esto, luego sentirse defraudado y enojado. (Véase Clave 108)

156 › Asegúrese de no tener errores de ortografía o gramaticales

Todo el esfuerzo que hizo para diseñar y llevar contenido a su página puede ser inútil si el usuario lo percibe como poco profesional, a causa de este tipo de errores.

157 › Use espacio en blanco

Es imposible leer efectivamente si no se usa espacio en blanco. Sin esto, los usuarios no pueden percibir el nivel de importancia de los distintos elementos.

158 › Especifique el color de fondo

Si usted no especifica el color de fondo corre un riesgo innecesario. A modo de ejemplo, si quiere que el fondo sea blanco y el visitante tiene configurado el navegador con otro color –por ejemplo gris–, su Website seguramente se verá muy poco profesional y poco visible.

159 › No haga un Website solamente con texto

Si bien es cierto que hay que diseñar pensando en la velocidad, la compatibilidad entre browsers y los *smartphones*, entre otras variables, al usuario hay que darle calidez. Es por eso que siempre hay que incluir algún tipo de imagen para que el Website sea más amigable.

160 › ¡Responda!

Atienda el teléfono, responda siempre el email o el chat (en el horario que indique). Ayude a los usuarios a que contacten con usted. Si su empresa ofrece llamadas gratuitas 0-800 o por Skype, así como si brinda la posibilidad de chatear, estará un paso adelante.

161 › Agregue un botón Skype o Google Voice

Ofrézcale al usuario formas fáciles de conectarse con usted. Que no tenga que llamarlo por teléfono. Estas dos herramientas le permiten hablar o chatear indistintamente a un costo muy bajo.

162 › Ponga las publicidades arriba y/o a la derecha

Los usuarios están acostumbrados a verlas ahí. Es importante que la publicidad no interfiera con los contenidos. (Véase el ejemplo de la página siguiente)

Menú   Favicon   Logotipo   Publicidad   Lightbox   Buscador   Log in   Redes Sociales
Institucional

RSS

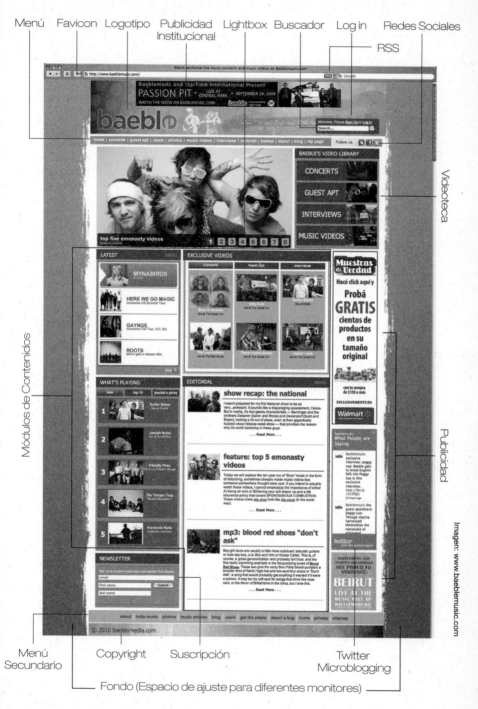

Videoteca

Módulos de Contenidos

Publicidad

Imagen: www.baeblemusic.com

Menú
Secundario

Copyright   Suscripción   Twitter
Microblogging

Fondo (Espacio de ajuste para diferentes monitores)

Esta Home Page nos encanta porque está muy bien organizada. Toda la información, incluyendo la publicidad es variable por eso es especialmente importante que el usuario pueda entender de qué se trata de un vistazo.

"

"Hacer publicidad en Internet poco tiene que ver con 'golpear' a alguien con un mensaje… sino con crear una relación con ese usuario."

Mark Zuckerberg
Co-fundador, CEO y presidente de Facebook

163 › Conozca los límites del editor WYSIWYG*

Cuando usted copia desde un editor de texto como Word al editor WYSIWYG, se generan muchos códigos extra que a la hora de mostrarse en la página de destino, pueden generar errores y por ende no ser visualizados de forma correcta.

164 › Genere imágenes creíbles

Aunque no es necesario que las imágenes 3D sean hiperrealistas, es fundamental que sean creíbles y que conduzcan al usuario a lugares a explorar de su imaginación. Si el 3D tiene que ver con su negocio, es importante que conozca a fondo Second Life** *(www.secondlife.com)* y cómo el usuario interactúa con él. Tenga en cuenta que *Second Life* ofrece a sus visitantes la posibilidad de interactuar con espacios virtuales.

165 › Factor Sorpresa

Busque la oportunidad de crear algo inesperado.

* Los WYSIWYG son editores HTML *(What You See Is What You Get)* con un menú similar al de Word. Lo que se ve cuando se escribe algo es lo mismo que se visualiza cuando se lo muestra a través del HTML.

** *Second Life* es un mundo virtual 3D creado por Linden Lab y distribuido en una amplia red de servidores y que puede ser utilizado a través de Internet. Este programa proporciona a sus usuarios o "residentes" herramientas para modificar el mundo y participar en su economía virtual, que opera como un mercado real.

"La tecnología siempre está evolucionando y las empresas no deben temer sacar ventaja del cambio."

Eric Schmidt
Presidente y director general de Google

5. TECNOLOGÍA

(O CONOCE BIEN A TU MEJOR ALIADO)

Para poder liderar un Website o un negocio online, no es necesario que usted sea un experto en tecnología. Pero debe saber que cuanto mejor la comprenda y su mente se encuentre más permeable para incorporar nuevas tecnologías, más fácil será la tarea.*

* No entender la tecnología online y tener un Sitio con e-commerce podría compararse a tener un local en un centro comercial al que nunca se ha ido. ¿Cómo es posible vender allí sin saber qué tipo de gente concurre ni cómo se comporta en ese lugar? No hay atajos: para entender la tecnología digital, usted debe interactuar con ella.

CORE LIBRARY

LIB_NETWORK.H

```
struct Network{
    User_Library ulib;
    File_Library flib;
    Delay_Unit dunit;
}

Methods:
allocate_network();
initialize_network();
```

CORE LIBRARY

_FILE.H

```
uct Owner_Node{
    t owner
    t is_valid
    wner_Node* next.
```

```
uct File{
    t num_owners
    wner_Node* head_node
    wner_Node* tail_node
```

LIB_DELAY.H

```
struct Trans{
    int commit_cycle;
    int send;
    int recv;
    int file_num;
    int valid;
```

```
struct Delay_Unit{
    BAND PERIT_Queue
```

LIB_USER.H

```
enum user
    good,
    mal_pure,
    mal_feed,
    mal_prov,
    mal_disg,
    mal_sybl,
    unknown
}

struct User{
    user_t behav
    int num_file
    float pct_d
    float pct_h
    BWidth_Un
    Relation(NL
}
```

ENTIENDA LA TECNOLOGÍA

166 › Evolucione siempre

Nada es para siempre. La única constante es el cambio. Si su Website funciona bien hoy, no es seguro que funcione bien con la tecnología del mañana. Pruebe el funcionamiento del Sitio con todos los navegadores para ordenadores y *smartphones*. (Véase Clave 183)

167 › Genere un entorno de test (Beta)

Trate de tener un entorno de prueba para testearlo en su totalidad, especialmente si su Website tiene programación.

168 › Cuidado con el testeo

Testear basándose únicamente en Internet Explorer y lanzarlo en la Web le puede traer muchos dolores de cabeza. El Internet Explorer desestima los errores de codificación y muestra la página sin problemas, pero los otros navegadores no lo aceptan.

169 › W3C*

Familiarícese con los estándares W3C. Lo ayudarán a verse bien en todos los navegadores. Testee todas las páginas de su Website en *http://jigsaw.w3.org/css-validator*.

170 › No utilice texto parpadeante (Blinking text)

No todos los navegadores soportan esta funcionalidad. Además no es W3C estándar.

171 › Atributos de HTML inválidos

Como mencionamos anteriormente es conveniente atenerse a los estándares. En ciertos navegadores, algunas funcionalidades pueden resultar erróneas. Utilice CSS** en lugar de especificaciones dentro del HTML. Para elementos <script> use "type" y no "language", para especificar el lenguaje (casi siempre en JavaScript).

---

* *World Wide Web Consortium* (W3C) es un consorcio internacional donde las organizaciones miembro y el público en general, trabajan conjuntamente para desarrollar estándares Web. Su misión es guiar la Web hacia su máximo potencial a través del desarrollo de protocolos y pautas que aseguren el crecimiento futuro de la Web.

** CSS (*Cascading Style Sheets*) es un archivo que funciona como una plantilla donde se definen los distintos estilos de los elementos del Website.

172 › Error en la declaración del DOCTYPE

Es la primera declaración que aparece en el HTML. Ayuda a los navegadores a saber qué versión de HTML utiliza cada Sitio, dándole así la indicación de qué sintaxis y gramática usa.

173 › DTD inexistente (Document Type Definition)

Aquí se definen los tipos de elementos y atributos que se pueden utilizar en la página. Se escribe dentro de la etiqueta DOCTYPE.

174 › Codificación del texto contraria a la del servidor (Content-type)

A veces el servidor envía una codificación de texto determinada y el Sitio especifica otra distinta en su página. Esto confunde al navegador del usuario y los caracteres especiales no se pueden leer. Ocurre especialmente con la letra Ñ, los acentos y las comillas. Sea especialmente cuidadoso con estos detalles.

175 › No comente el HTML en la página

Utilícelo sólo si le sirve para comentar la codificación, pero no para anular líneas de código. Esto se vuelve ilegible para su mantenimiento y aumenta el peso de la página sin sentido.

176 › Codificar las páginas con un idioma determinado

Esto ayuda a los motores de búsqueda a la hora de indexar los Websites, diciendo que la página está plagada de palabras en un idioma determinado, pero que también pueden encontrarse palabras en otros idiomas.

177 › JavaScript en el cuerpo del HTML

Al igual que con el CSS, el JavaScript tiene que ser utilizado desde el HTML llamando un archivo externo. Aquí la ventaja es que el JavaScript se descarga, se cachea y se reutiliza la siguiente vez que se requiera.

178 › No use HTML para generar la estética de las páginas

Si tiene que definir el layout (diseño) y la estética de la página, hágalo a través del CSS. El HTML sólo ayuda a armar el contenido.

179 › Utilice hojas de estilo embebidas en los documentos (CSS)

Cuando se desarrolla un Website, un deseo básico es que haya coherencia a través de todas las páginas del mismo. Es por esto que si se define un estilo, es prudente generarlo en un archivo auxiliar y llamarlo desde todas las páginas HTML, en lugar de ponerlo dentro de todas las páginas como líneas de código. Si hay un archivo de estilo externo llamado desde todas las páginas, cuando se quiera cambiar algo de ellas (por ejemplo, la fuente) se podrá cambiar un solo archivo en lugar de cambiar todas las páginas del Sitio.

180 › Cuando utilice CSS hay que especificar las unidades

En CSS los valores de ancho y alto siempre tienen que estar especificados, excepto si son 0. En cambio, en HTML no hace falta, porque asume el estándar.

181 › Actualice el código de las páginas y reemplácelo por CSS

Muchas páginas fueron desarrolladas mucho tiempo atrás y nunca más fueron actualizadas. Actualizarlas no sólo permitirá que funcionen mejor, sino que además serán más amigables para los motores de búsqueda y los navegadores que utilizan los usuarios.

182 › No utilice CSS específico de un navegador

Tenga en cuenta que hay códigos que funcionan sólo en uno de los navegadores. (Por ejemplo: estilo de la barra de desplazamiento, filtros, etc.)

183 › Compatibilidad entre navegadores (Browsers)

Asegúrese de que su Website sea compatible con todos los browsers posibles. Ningún navegador trabaja de la misma manera, ni interpreta el CSS y el JavaScript de la misma forma. Es por eso que es sumamente necesario revisar la compatibilidad entre el Website y los Web Browsers en sus distintas versiones (Internet Explorer, Safari, Firefox, Chrome, entre otros).

* Los navegadores más usados actualmente en la Web: Explorer, Firefox, Safari y Chrome.

184 › No busque que su Sitio detecte el navegador y envíe un código específico para éste

Esta modalidad añade complejidad innecesaria y cada vez que haya un navegador nuevo –o una versión nueva–, dejará de funcionar. Es más fácil y más económico testear y hacer funcionar el Website en todos los buscadores, que desarrollar algo así.

185 › Nomenclatura de clases o IDs

Al definirse el nombre de algún ID, no es aconsejable usar un nombre que remita al aspecto actual. Por ejemplo: si se ubica una barra divisoria de color rojo y se la llama "barrarroja", si luego desea cambiar la imagen por color violeta, se debe cambiar el nombre en todos los lugares del Website por "barravioleta". Lamentablemente la mayoría de las veces lo único que se hace es reemplazar la imagen por el nuevo color, pero no la nomenclatura lo cual resulta confuso.

186 › Nombres de ID o clases inválidos

Es importante asegurarse de que los ID que están especificados dentro del HTML estén definidos dentro del correspondiente CSS, ya que esto puede generar que la página se vea mal.

187 › Desarrolle un CMS (Content Manager System)

Si utiliza base de datos, desarrolle un administrador de contenidos que lo ayude a actualizar las páginas a través de plantillas *(templates)* sin necesidad de contar con un diseñador de Páginas Web.

188 › Use la tecnología a la medida del usuario

Tenga en mente esta idea: cuanto más inexperto sea el usuario, más simple y clara debe ser la interfase del Website.

189 › Elementos Meta inservibles

Existe una tendencia a utilizar muchos Meta Tags, pero es importante tener en cuenta que muchos de ellos no son procesados por los buscadores y otros sólo sirven para promocionar al autor de la página. Por eso, es preferible hacer mayor hincapié en el contenido del Website que en llenar la página de Meta Tags.*

* Los Meta Tags son unos caracteres pertenecientes al HTML que indican a los motores de búsqueda los términos para encontrar la página que los contiene.

190 › Utilice el formato de imagen correcto

Los formatos básicos para utilizar en Internet son JPEG, GIF y PNG. Tenga en cuenta las cualidades de cada formato y utilícelos inteligentemente:

- **JPEG** es excelente para visualizar millones de colores y sombras, ya que reproduce el color en 24 bits. Los contras son que para que pese poco se pierde calidad y que no se puede usar con transparencia.
- **GIF** sólo reproduce colores en 8 bits (256 colores en total). Es muy bueno con imágenes de colores planos y con transparencias, y para realizar imágenes animadas, "GIF animados" (capas de imágenes que se superponen).
- **PNG** se utiliza en fotografías y gráficos, y permite transparencia. Son mejores que los GIF, pero de menor calidad que los JPEG.

Testee siempre la relación calidad - peso de la imagen.

191 › Todo cuenta: el Hosting también

Muchos clientes eligen hostear (hospedar) su Website en Estados Unidos para beneficiarse por la calidad y rapidez de los *Service Providers* (ISP)* y de las conexiones de la red. Sin embargo, si sus objetivos son locales, tenga en cuenta que, por ejemplo, para Google Brasil será importante la búsqueda a través de un Site cuya IP resida en ese país. Por supuesto hay otras consideraciones técnicas a tener en cuenta, pero si su objetivo es local, no olvide este detalle. Testee siempre la velocidad de respuesta del hosting.

192 › Tenga cuidado con el "refresh" de los DNS

Cuando se cambia de servidor o de IP,** hay que tener en cuenta que para que todos los servidores de Internet a nivel global sean informados pueden pasar hasta 36 horas. Es necesario, en consecuencia, tener activo el viejo y el nuevo Website durante ese lapso. El mayor problema se suscita cuando se realizan ventas o la Web es transaccional, ya que la modificación puede perderse o generar pérdidas.

193 › Caracteres especiales sin codificar

Si hay que mostrar caracteres especiales como tildes, &, ñ, espacio en blanco, etc., es necesario convertirlos a un conjunto de caracteres especiales (entidades HTML) y definir la codificación específica en el Meta Tag "charset".

* ISP Internet Service Provider

** IP es un número único de formato xxx.xxx.xxx.xxx que se utiliza para identificar un Website o un ordenador.

194 › Genere los Sitemap, URLlist, Robots.txt

Éstos son archivos muy importantes para los motores de búsqueda. Les informan qué páginas indexar y qué páginas no. El Sitemap es utilizado por los "crawlers" (programas que inspeccionan las Páginas Web) para encontrar el contenido de un Website. Muchos CMS *(Content Management Systems)* pueden generar un Sitemap en forma automática. (Véase Clave 187)

195 › Use AJAX inteligentemente

Al igual que el JavaScript, no hay que abusar en la utilización del AJAX.* Es muy usado para cambiar la información en la página sin necesidad de volver a cargarla.

196 › HTML vs. Flash

Si a pesar de todo usted desea hacer un Website 100% en Flash, espere costos de desarrollo más altos que si lo hiciera enteramente en HTML y menor visibilidad, ya que como dijimos anteriormente el Flash es invisible para los buscadores. Tenga en cuenta que al realizar su Sitio Web en Flash no podrá obtener estadísticas (a menos que desarrolle su propio sistema de estadísticas) y no sabrá lo que ocurre dentro del Website. (Véase Clave 67)

* AJAX *(Asynchronous JavaScript And XML)* es una técnica utilizada para crear aplicaciones interactivas o RIA *(Rich Internet Applications)*. Gracias a estas aplicaciones, es posible realizar cambios sobre las páginas de un Website sin necesidad de recargarlas.

197 › Tenga cuidado con el cache* del navegador

Muchas veces se hacen cambios en el Website, pero como el usuario o la empresa tienen "cacheada" la información, las modificaciones no se ven a menos que el usuario borre el cache o presione <CTRL><F5> al mismo tiempo.

198 › Portabilidad

Si por algún motivo se cambia de proveedor de servicios de Hosting de Internet, no debe asumirse que la página funcionará sin cambios, especialmente si está desarrollada en PHP o en ASP, o si tiene formularios definidos. Muchas veces, las versiones de software de los servidores hacen que sea necesario agregar o modificar algo.

199 › Login de usuario

Si usted pone una sección de login y password, asegúrese de que esté protegida. Utilice mecanismos de seguridad a través de los certificados de seguridad SSL *(Secure Socket Layer).*** (Véase Clave 138)

200 › Protección de password

El usuario muy rara vez utiliza una clave distinta para cada acceso. Generalmente tiene un set de claves que utiliza para ingresar a los distintos Sitios. Es por eso que cuando se envía la información a través de Internet hay que asegurarse de que la clave viaje encriptada.

---

* Cache: el navegador *(browser)* del usuario y/o el proxi server de la red de la empresa guardan páginas temporalmente en la memoria para disminuir el tráfico y darle mayor rapidez de visualización a las páginas que ya han sido visitadas con anterioridad.

**SSL: es un protocolo de seguridad que tiene la característica de mostrar un candado en el navegador cuando se ingresa en un Sitio, indicándole a los visitantes que la información intercambiada en esas páginas de la Web no será interceptada por nadie.

LAS EXTENSIONES MÁS USADAS EN INTERNET

EXTENSIÓN ▸ CONFIGURACIÓN

ASA	Contiene declaraciones de objetos, variables y métodos que son accedidos por todas las páginas ASP de la aplicación
HTACCESS	Archivo de configuración de Apache

EXTENSIÓN ▸ GRÁFICOS

GIF	Formato de Intercambio de Gráficos (Véase Clave 190)
ICO	Icono (Véanse Claves 99 y 122)
JPG	Imagen JPEG (Véase Clave 190)
PNG	Imagen PNG (Véase Clave 190)

EXTENSIÓN ▸ LENGUAJE EJECUTADO EN EL ORDENADOR DEL USUARIO

AJAX	JavaScript asíncrono y XML (Véase Clave 195)
CGI	Es un protocolo genérico que permite extender las capacidades de HTTP
CSS	CSS (Véase Clave 179)
HTM	Lenguaje de marcado de Hipertexto - Página Web
HTML	Lenguaje de marcado de Hipertexto - Página Web
JS	JavaScript (Véase Clave 60)
RSS	RSS (Véase Clave 131)
XHTML	Lenguaje extensible de marcado de Hipertexto
XML	Lenguaje extensible de marcado

EXTENSIÓN ▸ LENGUAJE EJECUTADO DEL LADO DEL SERVIDOR*

ASP	*Active Server Page* - Microsoft
ASPX	ASP.NET *script page* - Microsoft
JSP	JAVA
PHP	*Hipertext Preprocessor*

EXTENSIÓN ▸ PELÍCULAS

SWF	Película desarrollada en Flash (Véase Clave 67)
SCR	Archivo en formato Microsoft Silverlight (Véase Clave 95)

EXTENSIÓN ▸ SONIDO

MP3	MPEG, capa audio 3
WAV	Formato de audio de Windows

EXTENSIÓN ▸ VÍDEO

FLV	Vídeo Flash
F4V	Vídeo Flash en formato MPEG-4
MOV	Vídeo en formato QuickTime
MPG	Vídeo MPEG
WMV	Vídeo Windows Media

* Utilizados para acceder a Base de Datos.

Gráfico: Copyright SRP Interactive

"

"Piense en grande y no escuche a la gente que le dice que no puede hacerse. La vida es muy corta para pensar en pequeño."

Timothy Ferriss
Autor del Bestseller "The 4-Hour Workweek"

Piense en pequeño. Encontrar un nicho de mercado inexplorado puede resultarle muy redituable...

PLEASE NOTE!

This material was borrowed from another library for your viewing, reading or listening pleasure.

We ask that you observe the following courtesies so that you may continue to enjoy this privilege:
Return on time with accompanying items; and
Report any damage or missing materials.

Don't Forget To Check The Due Dates!

Although it is our policy not to charge fines we are still responsible for the reimbursement of very late or lost materials from other libraries.

THANK YOU!

6: PERFORMANCE

Si quiere que su Website sea exitoso,
lea las estadísticas todos los días;
entienda a qué se refiere cada
parámetro; y mueva el timón todas
las veces que sea necesario.

METODOLOGÍA DE TRABAJO EN SEO*

Gráfico: Copyright SRP Interactive

1 Búsqueda: Buscar ranking, tráfico, liderazgo, ventas, competidores, target online, etc.

2 Definir Objetivos: Identificar objetivos medibles, haciendo foco en sus expectativas y en los objetivos finales que espera de su Sitio.

3 Análisis Técnico: Realizar un análisis SEO del Sitio actual.

4 Búsqueda de palabras clave: Elegir las mejores palabras clave para ser conocido por el público objetivo.

5 Contenido: Desarrollar contenidos y textos e insertarlos en las palabras clave de acuerdo con la densidad apropiada del SEO.

6 Promociones: El desarrollo de links con Páginas Web bien establecidas es el mejor camino para llamar la atención de los navegantes y también para obtener mejores rankings en los motores de búsqueda.

7 Suscripción: Suscribir su Website a los mejores motores de búsqueda y directorios.

8 Reportes: Generar un reporte periódico con los resultados y progresos de su Website.

* SEO (*Search Engine Optimization*, Optimizador de mecanismo de búsqueda) es el resultado de la recuperación de información en la base de datos de los grandes motores de búsqueda de Internet por el uso de algoritmos de búsqueda en el software.

MEDIR, MEDIR, MEDIR

201 › Escuche sus estadísticas

Google Analytics es un software muy poderoso –y además gratuito– que le permitirá ver lo que pasa en su Website desde el punto de vista del usuario. ¡Aprovéchelo!

202 › Experimente la usabilidad del Website

Pruébelo desde distintos ordenadores (PC y Mac) con diferentes configuraciones de hardware y de software, desde distintos navegadores; compruebe si lo encuentra desde Yahoo!, Google, Bing, etc. Pregúntele a la gente si accede fácilmente a la información.

203 › Póngalo a prueba constantemente

Testee su Website desde distintos browsers, desde diferentes tipos de acceso a la Web (cablemodem, ADSL, *smartphones*, hasta telefónico) y con usuarios de distintas edades y niveles de experiencia.

204 › Revise los objetivos periódicamente

Su negocio cambia constantemente y su Website también debe reflejar esos cambios. La tecnología evoluciona a gran velocidad... Autoevalúese todo lo que pueda: revise los objetivos y mida su performance.

205 › Mueva el timón cuando hace falta

Si ve que su Website es visitado en páginas que usted consideraba secundarias, y en las de su negocio principal no tiene suficientes accesos, primero vea si está bien desarrollado y si es escaneable; si no, cambie el foco de su negocio. No pierda oportunidades. Apóyese en las estadísticas. (Véase Clave 206)

TESTEAR, TESTEAR, TESTEAR...

206 › Apóyese en las estadísticas

Las estadísticas son la clave para entender lo que ocurre en su Website. Modifique la página HTML en cuestión y estudie los resultados hasta encontrar el punto que usted desea.

Aproveche el sistema de estadísticas que ofrecen los ISP *(Internet Service Providers)* en forma gratuita –si no se lo ofrecen tiene una verdadera razón para mudar su Hosting–. Lea las estadísticas y consulte si hay detalles que no entiende. Lo ayudarán mucho para mejorar la performance y corregir el rumbo.

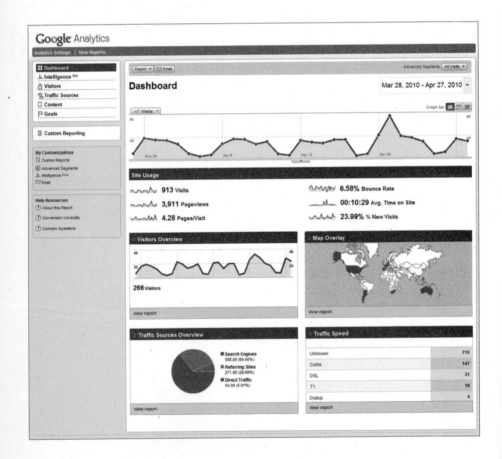

Imagen: Google Analytics

CORREGIR

207 › Corrija para mejorar

Es necesario revisar, testear y ponerse al día con la nueva tecnología. Especialmente después de recibir sugerencias o comentarios. Lo único que resta para tener su Website o negocio online funcionando a pleno es "mover el timón" todas las veces que haga falta. Si es lanzado al mercado un navegador nuevo o un hardware nuevo, adquiéralos y testee cómo su Sitio funciona a través de ellos. Ahí seguramente necesitará cambios.

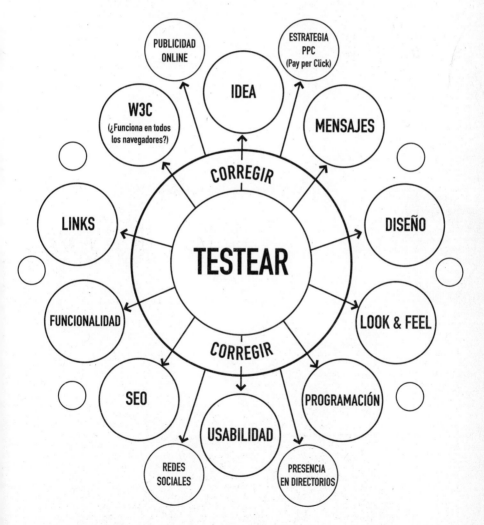

Gráfico: Copyright SRP Interactive

7: COMPETIDORES

Internet es un escaparate al mundo.
De la misma manera que usted y sus
competidores son observados por
prospects, clientes, proveedores, futuros
colaboradores y colegas; usted también
tiene la posibilidad de hacer lo mismo
en tiempo real. No la desaproveche:
es mucho lo que puede aprender
monitoreando el mercado online.

(Véase el gráfico de la página 116)

"

¿Amenaza u oportunidad? *

La sensación de amenaza siempre existirá, por eso es importante manejar eficazmente las herramientas online que le dan una oportunidad única para medir a la competencia e intentar adelantarse a sus movimientos. **La clave:** integrarlas de manera eficiente para optimizar el tiempo y sobre todo hacerlo en forma constante.

* En un mundo digital, creer que no se tiene presencia en Internet por el solo hecho de no tener un Sitio o un Blog es un concepto erróneo. Con las Redes Sociales, a través de alguna foto (Facebook, Flickr), vídeo (Youtube), Blog, o network (Linkedin) etc., su empresa o usted están referenciados, para bien o para mal. Una vez aceptado este hecho como una realidad es usted quien tiene el poder de ser proactivo para mostrarse como desea ser percibido.

COMPETIDORES

208 › Conozca su mercado

Sepa cómo se promocionan sus competidores, si venden o no online, o si sólo usan la Web como promoción o para dar información. Conozca el mundo: explore, viaje (aunque sea a través de Internet). Encuentre nichos no explotados que lo ayudarán a hacer crecer su negocio.

209 › Conozca bien a sus competidores

Al estar online, sus competidores pueden llegar a ser globales. No los desestime si están en otra parte del mundo. Investigue, aprenda de ellos, el día de mañana pueden llegar a ser sus socios estratégicos.

210 › Coloque el precio a la vista

Tenga presente que el usuario no quiere perder el tiempo, no desea hacer todo el proceso de compra del producto o servicio para conocer el precio después de haber perdido un tiempo valioso en su Página Web. Lo quiere saber desde un principio. El precio no es el único decisivo de compra, es importante pero no es el único elemento, no lo oculte.

211 › Defina su política de devolución

Una buena política de devolución es un excelente motor de ventas porque anima al cliente a comprar sin miedos. Explíquela antes de vender el servicio o producto. Refuerce el mensaje en el email de confirmación. Un buen ejemplo de esto es la política de *www.zappos.com**: vale la pena conocerla.

212 › Active su radar para competidores

Así como usted puede estar usando su presencia online para atacar nuevos mercados globales, sus competidores (aunque aún no sepa de ellos) pueden estar haciendo lo mismo. Utilice los *Search Engines* más frecuentes –como Google, Yahoo!, Bing o el chino Baidu– como un radar para conocer a sus competidores.

* Zappos.com es una tienda online de calzado e indumentaria. Desde su fundación en 1999 en Estados Unidos, creció hasta convertirse en la tienda online de calzado más grande del mundo. La compañía fue adquirida por Amazon.com en 2007 en alrededor de 900 millones de dólares. Fuente: *New York Times*

7 HERRAMIENTAS SIMPLES
PARA MONITOREAR A LOS COMPETIDORES ONLINE

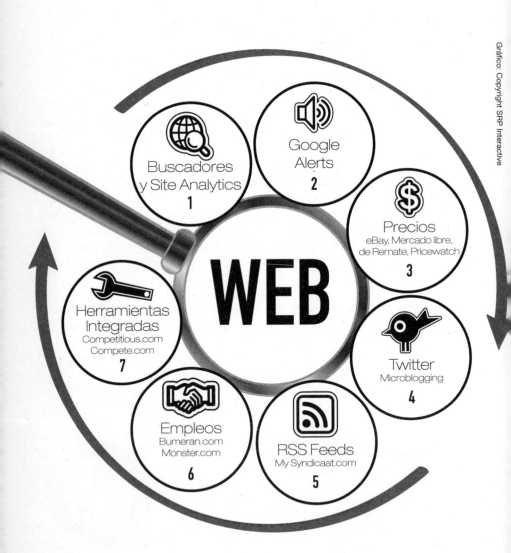

El gráfico muestra siete herramientas sencillas que pueden usarse en forma sistemática para monitorear la actividad de los competidores online.

8: POTENCIAL

Cada vez cobran más importancia
las herramientas de colaboración online
que permiten al usuario interactuar,
compartir conocimientos y cooperar
en un entorno dinámico sin importar
las distancias; y a las empresas aumentar
la productividad.
Mientras que las grandes compañías
desarrollan sus propias herramientas
"secretas" y a medida,* las pequeñas
empresas pueden usar desarrollos
online estándar** que les brindan
dinamismo a un coste accesible.***

* Con niveles de seguridad mayores y desarrollados según sus necesidades y políticas de seguridad específicas.

** Explore *www.37signals.com*, un conjunto de aplicaciones de software de colaboración online (Basecamp, Highrise, Backpack y Campfire) para pequeñas empresas que tiene más de tres millones de usuarios y se encuentra en pleno crecimiento.

*** Analice bien antes de contratar este tipo de servicio ya que, si bien a priori resulta económico, migrar los datos para moverse a otro proveedor puede ser costoso en términos de tiempo y dinero.

COLABORACIÓN (WIKI)*

213 › Una herramienta de colaboración única

Probablemente uno de los cambios más profundos que ha producido Internet es la posibilidad de trabajar en red. La forma de interactuar entre profesionales, consultar, colaborar, contrastar información, registrar, evaluar, enseñar y aprender representan un avance sin precedentes para la humanidad.

Un equipo de colaboradores puede trabajar en forma colaborativa, remota y sincronizada, compartiendo la información online pero con acceso restringido para el resto de los internautas. A través del archivo robots.txt se les puede indicar a los motores de búsqueda que no se desea ser indexado en la red. (Véase Clave 194)

* El concepto "Wiki" proviene de un vocablo de origen hawaiano que significa "rápido", y es utilizado para denominar los Sitios de trabajo colaborativo (Por ejemplo: Wikipedia).

EXPLORAR EL POTENCIAL DE LA WEB

214 › **El poder de las Redes Sociales** (Social Media)
Las Redes Sociales son una excelente opción para mantenerse cerca de su público y dar a conocer las últimas novedades de su negocio, generando más tráfico en su Site. Incluya su perfil en las redes más adecuadas con su área de acción y establezca links desde su Website.
(Véase Clave 16)

215 › **Ya nada es gratis ni barato online**
Todavía hay quien piensa que un Website por pertenecer al mundo de lo virtual no tiene valor de desarrollo, o incluso que un Website puede tener un costo cero para una empresa y que puede funcionar solo, sin que nadie le dé seguimiento. Nada más lejos de la realidad.

216 › **Cuidado con los links que hacen perder tráfico**
Evalúe cuidadosamente los links que desea tener en su Website. Una colección de links sin un porqué definido sólo le hará perder tráfico y por lo tanto, negocios.

217 › **Haga un Blog**
El Blog le permite actualizar información y generar tráfico en su Website en forma rápida y sencilla. A través de él podrá establecer un vínculo valioso con su público, brindando información útil que enriquecerá la percepción de los usuarios, y fomentará la conversación. Es importante que el contenido del Blog sea de calidad para que sea valorado por el público objetivo. Préstele la misma atención a todos los detalles que le brindaría a un medio impreso.

218 › Genere un Foro

Le dará la posibilidad de generar intercambio de información entre la comunidad vinculada a su negocio, así como de aumentar su base de contactos.

219 › Recomiende a un Amigo

El deseado efecto "boca a boca" tiene este formato en la Web. Si al usuario le pareció interesante lo que usted propone en su Sitio dele la opción de recomendarlo a un amigo. Es una excelente forma de comenzar a generar viralidad.*

---

* Viralidad: Resultado del "Marketing Viral", término empleado para referirse a las técnicas de marketing que intentan explotar Redes Sociales y otros medios electrónicos para producir incrementos exponenciales en "recordatorio de marca" *(Brand Awareness)*, mediante procesos de autorreplicación viral análogos a la expansión de un virus informático.

STORIA

ORIA

```
┌─────────────────────────────────┐
│          DIRECTORIOS            │
│   Listado de empresas / portales │
└─────────────────────────────────┘
                 ▼
┌─────────────────────────────────┐
│        BROCHURE ONLINE          │
│     Lo mismo pero en la Web.     │
│        El primer Website         │
└─────────────────────────────────┘
                 ▼
┌─────────────────────────────────┐
│           ACTIVADOR             │
│  Envío activo de información relevante │
│   a clientes y prospectos de e-news │
└─────────────────────────────────┘
                 ▼
┌─────────────────────────────────┐
│         E – COMMERCE            │
│   Con transacciones en tiempo real │
│       (Pocas transacciones)      │
└─────────────────────────────────┘
┌─────────────────────────────────┐
│       SISTEMAS INTEGRADOS        │
│ El e-commerce se integra con el back-end* │
│       (Muchas transacciones)     │
└─────────────────────────────────┘
                 ▼
┌─────────────────────────────────┐
│      INTEGRACIÓN CON PARTNERS    │
│  Convivencia de múltiples tecnologías │
│       de diversos orígenes       │
└─────────────────────────────────┘
                 ▼
┌─────────────────────────────────┐
│          E – BUSINESS           │
│ Centrado en el cliente - SEO optimizado │
│  Totalmente Integrado - Alta Performance │
└─────────────────────────────────┘
                 ▼
┌─────────────────────────────────┐
│       E – MARKETING 360°         │
│     (Integrando Redes Sociales)  │
└─────────────────────────────────┘
                 ▼
┌─────────────────────────────────┐
│         NEGOCIO MÓVIL           │
│ Integrando Smartphones y teléfonos de alta gama │
│   (iPhone, Blackberry, Palm, etc.) │
└─────────────────────────────────┘
                 ▼
┌─────────────────────────────────┐
│       PENSANDO EL FUTURO         │
│ ¿Todo estará conectado a Internet? │
└─────────────────────────────────┘
```

URO

"El futuro depende de lo que hacemos en el presente."

Mahatma Gandhi

9: FUTURO

Son muchas las especulaciones sobre el futuro de Internet y pocas las certezas. Lo que es seguro es que quien se queda afuera pierde oportunidades.
En Internet, las pequeñas empresas desafían a las grandes corporaciones y, en muchos casos, son quienes resultan ganadoras.*

La mejor forma de conocer el futuro es crearlo.

* Un claro ejemplo es el navegador Mozilla Firefox, que desafiando a Microsoft ha logrado captar más del 20% del mercado global en menos de 5 años.

¿Alguien se acuerda de Altavista?
Si bien en los comienzos de la era de Internet Altavista se posicionaba como uno de los buscadores más importantes, actualmente registra sólo alrededor de 61.000 búsquedas cada día, frente a los 200 millones de consultas diarias que procesa Google.
Altavista fue creado por la empresa Overture Service Inc. comprada a su vez por Yahoo!

FUTURO

> Todo estará "conectado a Internet".
> Los terroristas del futuro atacarán la red.
> La realidad virtual será cada día más importante.
> La adicción a la red será un problema global de salud pública.
> La red estará más vigilada.*
> El trabajo cada vez será más virtual.
> La privacidad cada vez será menor.
> Quien no esté en Internet no tendrá identidad.
> Habrá nuevas formas de pago online.
> Habrá industrias que cambiarán para siempre.**

220 › Interacción con otros usuarios

Hoy existen juegos en red, como aquellos que ofrecen Facebook y la consola Wii, donde uno puede enviar y recibir información de otros usuarios; o juegos de *smartphones*, en los cuales es posible remitir la información para comparar la puntuación. En un futuro, tendremos la posibilidad de compartir lo que queramos con quien queramos, segmentándolo por tema. Por ejemplo, podremos compartir la información de lo que tenemos en el frigorífico con un grupo de apoyo para adelgazar, y entre los que pertenecen a ese grupo podrían contribuir a cuidar las calorías que ingerimos. Esa información, al mismo tiempo, podría compartirse con un supermercado y tener predeterminado que cuando el stock de un alimento determinado llega a cierto nivel automáticamente sea repuesto. Las posibilidades son infinitas.

* Google dio detalles sobre los pedidos que le hacen los países de todo el mundo para que les entregue datos de los usuarios o que censure información. Con 291 pedidos entre julio y diciembre de 2009, Brasil fue el país que más instó a Google a que borre contenidos. En segundo lugar, Alemania le hizo 188 solicitudes, India fue el tercero, con 142, y Estados Unidos el cuarto, con 123. También están incluidas las solicitudes de que se borre material de YouTube, el portal de vídeos de Google. Brasil también encabeza la lista de pedidos de identidad, con 3.663; Estados Unidos es el segundo, con 3.580 pedidos, y el Reino Unido figura en un lejano tercer puesto, con 1.166. Google señaló que no puede divulgar las estadísticas sobre los pedidos de China porque son considerados secretos de Estado. En el mes de marzo de 2010, Google retiró su buscador de ese país, debido a problemas relacionados con la censura online. Con esta herramienta en Internet que desglosa las cifras, la empresa espera dar "sólo un primer paso hacia una transparencia que irá en aumento". Información publicada en el site de la BBC y en el diario *El Mundo* (España).

** A modo de ejemplo ya hemos visto como, en menos de una década, la industria de la música cambió para siempre y hoy es Apple a través de iTunes y el iPod quien lidera el mercado global de una industria que se ha transformado de una manera sin precedentes.
También hemos visto que la Industria de los Bancos de Imágenes cambió su modelo de negocio drásticamente (Véase prólogo de David Moffly).

EVOLUCIÓN DEL MODELO

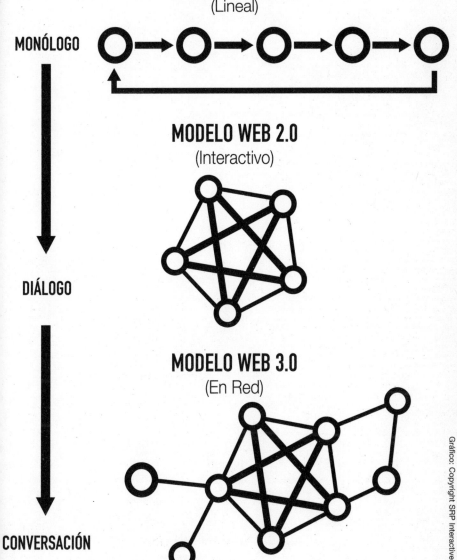

MODELO WEB 1.0
(Lineal)

MONÓLOGO

MODELO WEB 2.0
(Interactivo)

DIÁLOGO

MODELO WEB 3.0
(En Red)

CONVERSACIÓN

Gráfico: Copyright SRP Interactive.

Los mercados son conversaciones...

221 › Conectividad

En el futuro todo dispositivo electrónico estará conectado a Internet. Ver como su Website se percibe a través de los mismos será una parte importante de la tarea a realizar y, según a qué target se dirija, los resultados serán más importantes.

Si hoy usted tiene una consola Wii, la misma puede conectarse a Internet para navegar y/o habilitar nuevos canales. Si usted está en el negocio del entretenimiento debe prestar mucha atención a la navegación a través de las consolas hogareñas.

222 › Nunca digas de esta agua no he de beber...

Las tecnologías cambian a un ritmo abrumador y las nuevas generaciones tienen una forma de relacionarse con ellas totalmente diferente a la de las generaciones previas. Así que, si quiere llegar a todos los públicos, no piense que hay algo que nunca hará. Abra su mente y esté dispuesto a tener una nueva visión de las cosas.

"

En el futuro cercano la gente
va a pasar más tiempo online
que mirando la televisión.*

* Una prueba que acompaña este fenómeno es la forma en que crece exponencialmente la inversión publicitaria en Internet. Mientras la inversión en publicidad en TV (abierta y cable) crece lentamente y la de los medios gráficos decrece. Fuente: IAB *(Interactive Advertising Bureau)* www.iab.net

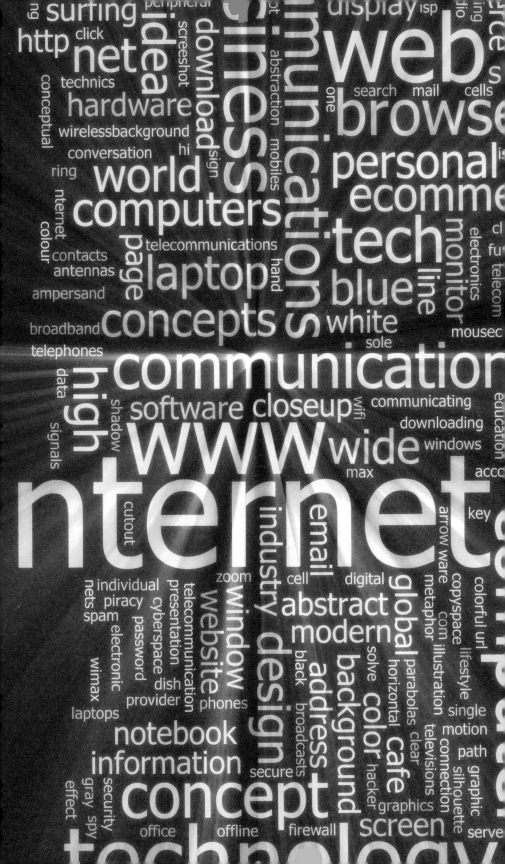

10: LOS MITOS DE INTERNET (de la A a la Z)

Desde sus comienzos por su misma naturaleza, Internet ha sido un medio plagado de mitos y rumores que se difunden de forma viral. Por ejemplo, todavía hay quienes piensan: "Internet is for porn..."*

* Frase recurrente de un personaje de la obra musical de Broadway *Avenue Q*, creada en el año 2003, cuyos protagonistas son marionetas que cantan sobre los prejuicios, el racismo, la pornografía, las drogas, la homosexualidad y hasta la política.

¡ES FÁCIL!

A › Tengo una Página Web, tengo una empresa
Durante el boom de las ".com", muchos creyeron que esto era posible. Sin embargo, el Website es sólo una cara de la empresa, tal vez la más importante, pero de ninguna manera puede sostenerse como la empresa en sí misma. (Véase Prólogo de David Moffly)

B › Tengo una Página Web, ya estoy ganando dinero
Si fuera así, toda persona que tenga un Website dejaría sus actividades laborales el mismo día que sube el Sitio a Internet y viviría de lo que él genera. El Sitio es el primer paso, pero lo más importante y difícil es llevar tráfico al Website y generar ganancias.

**C › Subo el Sitio cuando esté perfecto
y no lo modifico más**
Esto podría haber sido posible hace años, en la prehistoria de la Web. Hoy en día un Website exitoso es el fruto del trabajo diario, y de un equipo interdisciplinario de profesionales pensando en el usuario. Nada es por casualidad.

CONTENIDO

**D › Si la página está hecha, ya hice el mayor
trabajo**
Francamente cualquiera puede hacer un Website con un poco de dedicación, pero construir un buen Sitio requiere de mucho trabajo y profesionalidad. Una vez que se sube a Internet viene la segunda etapa que nunca finaliza: llevar tráfico y lograr que los navegantes se conviertan en clientes.

E › Si la Página Web no se ve bonita no funciona
Lo más importante dentro de Internet es ser visible, si no veamos los ejemplos como Craiglist, MySpace o eBay. Estos Websites no se destacan por su estética, sin embargo funcionan a la perfección, gracias a la estrategia y objetivos que se proponen. La clave en estos Sitios es la visibilidad, popularidad y los beneficios que brindan.

F › Si la página Web no es entretenida no funciona

Cuando se desarrolla un Website hay que hacerlo pensando en el objetivo del negocio y en el público objetivo. Si el usuario final tiene poco tiempo y quiere entrar, hacer negocios e irse, un Sitio "entretenido" lo distraerá y se irá sin hacer negocios con usted.

G › El contenido no es tan importante

El usuario permanece y vuelve a nuestro Website si el contenido que encuentra le parece importante. Si no le brindamos nada interesante, ¿por qué se quedaría y volvería a visitarnos? (Véase el gráfico de la página 34)

MARKETING

H › Mi negocio no necesita estar en Internet

Aunque parezca increíble, esta frase sigue escuchándose. Probablemente muchos negocios puedan sobrevivir por cierto tiempo al margen de Internet. Pero quienes creen en dicho mito deberían preguntarse sobre las oportunidades que pueden estar perdiendo por el solo hecho de no estar en Internet.

I › Hacer marketing en Internet es carísimo

A lo largo de todo el libro, en distintas situaciones, se menciona que es fundamental evaluar la relación costo-beneficio sobre las acciones que se realizan.

Es cierto que el dinero en publicidad y marketing online puede consumirse con gran velocidad y pocos resultados. Por eso es necesario monitorear el pulso de las acciones constantemente. Internet no es para perezosos.

Search Engine Optimization*

Resultados orgánicos (SEO)	Enlace patrocinado (PPC)

* SEO *(Search Engine Optimization)* es el resultado de la recuperación de información en la base de datos de los grandes motores de búsqueda de Internet por el uso de algoritmos de búsqueda en el software.

SEO (SEARCH ENGINE OPTIMIZATION)

J › Hago SEO y me olvido

Hacer SEO *(Search Engine Optimization)* es un trabajo de todos los días. Se trata de una carrera sin fin entre su Website y los de sus competidores. Si se deja estar, perderá importantes oportunidades.

K › Hago SEO y quedo Nº 1 en Google, Yahoo! o Bing

Desconfíe de quien le diga que esto es posible. ¿Cómo hacer para aparecer antes que Google si estamos brindando algún servicio que ofrece Google? Nadie puede asegurar resultados. Por otra parte no olvide que siempre sus competidores pueden reaccionar y contratar otro experto en SEO para posicionarse por encima de usted.

L › El algoritmo de Google es...

¡Una gran incógnita! Todos los que desarrollan y poseen Sitios tratan de adivinar su comportamiento para poder posicionar mejor los Websites, pero no hay nada que se pueda saber con total certeza. Piense que el algoritmo de cualquier buscador es como un ente vivo que evoluciona con la misma velocidad que la tecnología.

M › El experto tiene el éxito asegurado

El usuario, ya sea experto o ignorante, es quien finalmente decidirá el éxito o fracaso del Website. Nunca olvide que "El usuario es el rey". Si sigue las indicaciones de este libro, usted minimizará los errores, pero si no logra atraer tráfico ni consigue cierta afinidad con el usuario, es imposible que el experto pueda ayudarlo.

ACCESIBILIDAD WEB

N › La accesibilidad es sólo para personas con discapacidad

Si bien es cierto que se trabaja para que cualquier persona que tenga algún tipo de discapacidad pueda ingresar y navegar en Internet, la accesibilidad en la Web va mucho más allá: es la búsqueda permanente para que no haya limitaciones al acceder a la información.

O › La accesibilidad Web es construir Sitios que trabajen independientemente del software o hardware utilizado

La accesibilidad Web se refiere a respetar a las diferentes personas, sus gustos y necesidades personales. No todos usan la Web de la misma manera, ni con el mismo equipamiento tecnológico.

P › La accesibilidad hace que mi Sitio sea poco atractivo

Si se diseña un Website poco o muy atractivo nada tiene que ver con la accesibilidad. La accesibilidad se relaciona con cómo se accede a la información, no si es bonito o feo. Este concepto no se refiere a remover todos los colores e imágenes sino a la forma en que son utilizados.

Q › La accesibilidad hace que mi Website no sea económicamente viable

Como en todo proyecto, pensar antes de actuar permite que los costes se reduzcan dramáticamente. Es mucho más económico pensar un Sitio desde todos los ángulos posibles antes de empezar a diseñarlo que modificarlo o rehacerlo porque los usuarios no pueden acceder a la información.

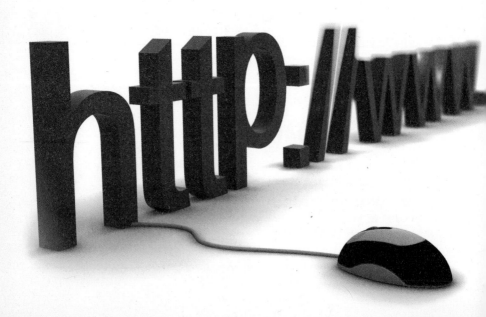

BUSCADORES

R › Los ".org" se posicionan mejor

Ésta es la opinión de muchos profesionales. Muchas veces los dominios ".org" se posicionan mejor que otras extensiones como los ".com". Depende de muchos factores, aunque la verdad sólo la conoce el buscador respectivo. (Véase Clave 15)

S › Si tiene un buen dominio, su Website se posicionará bien

La afirmación "el nombre del dominio lo es todo" es relativa. La popularidad de un Website pasa por muchos más factores que éste. Un buen dominio ayuda pero no lo es todo. Las pruebas están a la vista.

NOMBRES

T › El dominio debe tener un nombre con vocablos existentes

Si bien las palabras comunes son más fáciles de recordar, buscar y posicionar, nada le impidió a Yahoo!, YouTube o inclusive Taringa!* llegar hasta donde están. Se puede registrar cualquier nombre o palabra: la elección del dominio está en su imaginación y el SEO y la performance dependen de la calidad del Website, del Blog y de la frecuencia de las actualizaciones.

U › No se puede usar nombres de marcas reconocidas en nuevos dominios

Esta afirmación es discutible. Cuando no se use el Sitio de forma comercial sacándole provecho o afectando la marca en cuestión, es muy posible que se pueda usar el nombre de la marca inserto en el dominio. Muchas veces las marcas se utilizan con fines comerciales distintos a los del dueño de las mismas. Un caso común es el de los Sitios de abogados que buscan clientes que han sido presuntamente perjudicados por una marca o empresa, para hacer demandas colectivas: utilizan la marca dentro de una frase citándola en el dominio.

*Taringa! Taringa.net (inteligencia colectiva) es una comunidad virtual muy visitada de origen argentino a través de la cual los usuarios pueden compartir todo tipo de contenidos a través de un sistema colaborativo de interacción.

http://search en

SEARCH RES

1. your wo

"Google solamente tiene el 3%
de la publicidad mundial."

Hal Varian
Economista jefe de Google

PAGERANK*

V › **Mientras más PageRank, más tráfico**

El PageRank es independiente de la cantidad de visitas.

W › **El PageRank depende de la calidad del contenido**

Esto no es así: el PageRank es determinado por una fórmula matemática, que sólo conoce Google, su creador.

X › **El PageRank alto es fundamental para tener buenos resultados en las búsquedas**

Como hemos dicho anteriormente, el PageRank es solamente un factor más que mejora los resultados sólo parcialmente, son muchas las variables que inciden en el posicionamiento en Google.

Y › **El PageRank no sirve para nada**

Si bien no se debe vivir pensando en el PageRank, es bueno prestarle atención ya que es otro índice que indica si se están haciendo las cosas bien en Internet.

Z › **El PageRank es menor en cada subnivel**

Si usted compara el PageRank en cada una de sus páginas de su Website, verificará que todas sus páginas tienen distintos índices y que no necesariamente disminuye a medida que desciende el nivel en donde se encuentra la información.

* Según Google, su creador, "PageRank realiza una medición objetiva de la relevancia que tienen las Páginas Web. Para ello, resuelve una ecuación que contiene más de 500 millones de variables y 2.000 millones de términos. En lugar de contar los vínculos directos, PageRank interpreta un vínculo de la Página A a la Página B como un voto que recibe la Página B de parte de la Página A. PageRank evalúa, de esa manera, la importancia que tiene una página determinada al contar la cantidad de votos que recibe".
Fuente: *www.google.com/intl/es/corporate/tech.html*

NUESTRO COMPROMISO CON LA COMUNIDAD

Creemos firmemente que invertir en educación y alentar el espíritu emprendedor de las personas son las claves para construir un mundo mejor. El 10% de las ganancias generadas por la venta de este libro serán donadas a una ONG, con la finalidad de contribuir a lograr dichos objetivos.

FEEDBACK

Tal como le sugerimos que escuche a sus usuarios, nos gustaría conocer su opinión sobre las Claves y los Mitos publicados en este libro, así como contar con su colaboración si tiene nuevas Claves que quisiera compartir con nosotros y los demás lectores para ser publicados en la segunda edición. Puede contactar con nosotros en:

claves@srpinteractive.com

o a través del Website:

www.222claves.com→

EPÍLOGO

Todo cambia y todo permanece, o te adaptas o te quedas, la vida es un Yin Yang perenne. Antes, esperar era la norma, con la frustración y emoción que la espera trae. Hoy todo es al instante, la frustración se ha sustituido con la necesidad de estar conectado TODO el tiempo y la emoción ahora se llama "llegó ya".

Cuando comencé mi carrera, el fax era la tecnología más moderna. Hoy tengo más cargadores que cosméticos y les escribo mensajes de texto a los que están en la habitación contigua, en mi cartera tiene que caber mi laptop y todo lo encuentro en la Web, desde las recetas, las compras, la investigación más compleja y hasta el amor de mi vida.

La palabra "home" ya no sólo se trata del hogar familiar sino que ahora también es el recibidor virtual de todas las páginas. Los "wallpapers" ya no están en las paredes y el "portal" ya no está en el balcón. Tampoco el dominio es lo que era…y nunca ha sido más común tener una política de privacidad que hoy en día que decimos todo en la Web.

Mi "red social" puede estar en cualquier lugar del mundo pero se reúne en mi página de Facebook; no podemos tomarnos un café juntos pero sí podemos cultivar juntos en una "finca virtual".

Cuando se habla del "flash" ya nadie asume que es el de la cámara fotográfica, y la forma común de ver fotos es la digital. El "mouse" no es un ratoncito, las "cookies" no son galletas y el "pop up" es más conocido que el popcorn.

La Web es parte de nuestra nueva forma de vida, con más cosas positivas que los retos que trae. Es una herramienta única que me permite ver a los que amo aunque estén lejos, que hará realidad mi sueño de democratizar el conocimiento y que reta mi intelecto, y mi creatividad, a la vez que reclama control de mi parte sobre cómo y cuánto usarlo.

Cuando sugerí a Sebastián y a Silvina que escribieran un libro, nunca pensé que esa idea se convertiría en una cátedra sencilla pero completa de este mundo de Internet sin el cual ya no podemos vivir. Gracias por este libro, que, como un buen diccionario, me permite entender y poder hacer que me entiendan, y que como buen texto, me explica el porqué de cada recomendación.

Ana Rita Gonzalez
CEO de Anna Lunna y Policy Wisdom

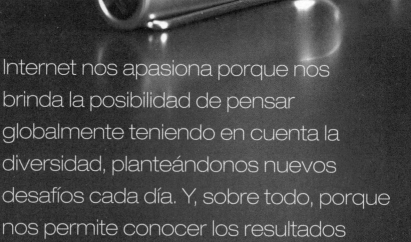

Internet nos apasiona porque nos
brinda la posibilidad de pensar
globalmente teniendo en cuenta la
diversidad, planteándonos nuevos
desafíos cada día. Y, sobre todo, porque
nos permite conocer los resultados
de nuestro trabajo a través de las
estadísticas y del comportamiento
del usuario…

AGRADECIMIENTOS

A Ana Rita González que nos dio la inspiración
y la idea de escribir este libro.

A David Moffly quien nos inspira y asombra día
a día, analizando las estadísticas y "moviendo
el timón online" para mejorar la performance
de baeblemusic.com.

A todo el equipo de colaboradores de
SRP Communication & Brand Design
y SRP Interactive por el apoyo que nos
han dado en este proyecto.

A Ediciones B por decir que sí a este libro
y por el apoyo brindado durante todo el proceso.
Especialmente a Marisa Tonezzer por creer
en nosotros y a Iñigo García Ureta por su
valiosísima guía y ayuda.

"Si le das a alguien un pescado, comerá por un día; si le enseñas cómo trabajar en Internet, no te molestará por semanas."

Anónimo

PRÓXIMAMENTE

✓ Checklist

Una guía completa para verificar paso a paso las cualidades de su Website, incluyendo las 222 Claves.

a-z Glosario

Un glosario útil que incluye los términos más utilizados en tecnología Web, para que estén al alcance del dueño o responsable de un Website que no provenga del mundo de la tecnología.

DOWNLOADS

Este libro incluye el acceso a la edición online gratuita, que se actualiza periódicamente con nuevas Claves, links, presentaciones y otros datos de interés.

1° Acceda al Website

2° Cree su cuenta e ingrese como contraseña el número de ISBN que se encuentra junto al código de barras de la contracubierta.

Comience a disfrutar del material online en:

www.222claves.com→

"

Sonríe: eres la clave de tu propio éxito.

222 Claves para hacer negocios en Internet
Versión 1.0
Sebastián Pincetti • Silvina Rodríguez Pícaro